10代を支える
スポーツメンタルケア
のはじめ方

小 塩 靖 崇

Yasutaka Ojio

Sports Mental Care

大和書房

スポーツを頑張る子どもに、
大人はなにができるのだろう？

「この子なら、もっと頑張れるはず」と思ったときに、
どうしたらいいのかわからない。

「こんなに頑張らせていいのか」と不安になったときに、
どう考えたらいいのかわからない。

口をはさみすぎたと反省したり、
もっとしてあげられることがあったはずだと後悔したり……。

「とにかく楽しむことが大事だよ」と声をかけていても、
試合に負けて子どもが泣いていると心が痛む。

勝利へのプレッシャーで、
子どもが不安そうな顔でプレーをしている姿を見ると、
これでいいのだろうかと疑問を感じる。

スポーツの楽しさは、勝つことだけではない。
けれど、勝つ楽しさもある。

勝つことだけを目標にすれば苦しいけれど、
勝つことにこだわらないとつまらない。

そんな矛盾と葛藤を抱えながら、
大人にはなにができるのだろう？
そんな悩みに「メンタルケア」のスキルが役に立つ。

はじめに

どこまで頑張らせていいのか――葛藤のはざまで

この本は、スポーツに取り組む子どもや若者の周囲にいるみなさんに向けたものです。

例えば、部活動の先生、クラブチームのコーチ、ボランティア指導員、あるいは日々の食事や体調に気を遣ってお子さんの応援をしている保護者のみなさんです。

みなさんは、目の前でスポーツに取り組む子どもたちに何を望んでいるでしょうか。

・とにかくスポーツを楽しんでほしい
・何かに熱中して、頑張る経験をしてほしい
・取り組むからには、結果（成績）にこだわってトップを目指してほしい
・強い心やチャレンジ精神を身につけてほしい

私も小学生から長い間、バスケットボールに魅了されたスポーツ少年でした。チャレンジしたい目標が見つかったときや上には上がいて、高い壁があると知ったときの悔しさとわくわく感、練習や合宿といったつらくも楽しい時間を共に過ごした仲間との絆など、たくさんのものをバスケットボールから学びました。スポーツを通じてつながった仲間や縁はかけがえのない宝ものです。

　多くの人の心を動かすことのできるスポーツには大きな可能性があります。スポーツマンシップに則り、自分の力を発揮し、他者の力を認め、互いに高め合うスポーツには、社会に蔓延る様々な課題を解決する力、考えるためのヒントが秘められていると信じています。

　一方で、スポーツが魅力的で、感情が大きく動かされ、熱狂できるものだからこそ、さまざまな問題も表面化しています。

いきすぎた勝利（成果）至上主義、体罰などの不適切な指導・虐待、セクハラ・パワハラ問題、子ども・若者の身体にかかる過度な負荷――。

　本書を手に取られた方の心には、最初に挙げたポジティブな願いとともに、こんな迷いや不安、葛藤がありはしないでしょうか。

・子どもはスポーツの楽しさを感じているだろうか
・子どもにとにかく頑張ってほしい。でも、どこまで頑張らせていいのだろうか
・結果がすべてではないとわかっていても、試合となると熱くなってしまう自分がいる
・楽しさが大事といっても、ときには厳しさや大人の威厳も必要ではないだろうか

本書は、このような悩みをもつ方が、どのように子どもたちと接し、指導あるいは応援するとよいのかを、「メンタルヘルス」の観点から考えていきます。

「強くなければならない」という無言のプレッシャー

実は、国際的には、アスリートのメンタルヘルスの研究が盛んに行われ、得られた知見に基づいて、スポーツ界でのメンタルヘルスの扱いについて真剣に考えられています。アスリートのパフォーマンス向上にはメンタルヘルスが大きく関わっていることも分かっており、それどころか、人生の豊かさにも深く関与しているようなのです。

アスリートのメンタルヘルス研究が始まったきっかけは、著名なアスリートたちによる自らのメンタルヘルス不調やそのケアの経験の告白でした。

なにも海外の一部の特別な選手に限った話ではなく、日本ラグビーフットボール選手会と共に行なった日本の男性ラグビー選手を対象としたアンケート調査でも、次のような結果が出ています。[1]

◉過去1か月間に以下に該当すると答えた割合

① 何らかのメンタルヘルス不調を経験　42・2%
② 精神医療の専門家の支援を必要とするような、うつ病・不安症の疑い　10・0%
③ 過去2週間に希死念慮（死にたい気持ち）を抱いた　7・6%

屈強な身体で強靭な精神を備えると信じられているアスリート。そんな強いアスリートはメンタルヘルスの不調とは無縁だ。そんなイメージを抱いている人も少なくないのではないでしょうか。

厳しい練習に耐え、強いプレッシャーにさらされるなかで、結果（成果）を残してきたアスリートは、想像できないほど強いメンタルを備えているように思えるかもしれません。しかし、実際には、多くのアスリートがメンタルヘルス不調を経験し、苦しんでいます。そして、「アスリートは強くあるべき」という社会的なイメージや期待から生まれるギャップは、不調による状態（症状）に加え、さらに苦しい状況を引き起こしています。

結果が明確に出る、競争社会であるスポーツ界ならではのプレッシャーも存在しています。

「勝つことだけに意味があるのだ」

「強い選手は弱音を吐かない」

「選手は、競技に専念すべきで、ほかのことはしてはいけない」

「選手は聖人君子である（そうであってほしい）」

そんな価値観が社会の中で共有され、アスリートに対して無言のプレッシャーになっているでしょう。そして、それはアスリートに憧れ、スポーツに熱中して取り組む子どもは、大人以上にその暗黙の認識に影響を受けやすいかもしれません。真面目に一生懸命に周囲の大人の言葉を聞き「強くなりたい」と願う子どもほど、「強くなければならない」という気持ちをもつのではないでしょうか。

必要なのは「ケア」の視点

私は、メンタルヘルス領域を得意とする健康教育の専門家として研究をしてきました。

健康教育は運動・身体活動、食事・栄養、休養・睡眠、メンタルヘルスといった多岐にわたるテーマを総合的にカバーし、健康のための行動や習慣について探究する営みです。一人ひとりの体質や特性、取り巻く環境に応じて、健康を保つための科学的な根拠にもとづく知識やスキルを啓発することが一つの大きな役割です。

私はその中でも子ども・若者のメンタルヘルスを専門とし、主に学校でのメンタルヘルス教育について、最近ではアスリートのメンタルヘルスについて研究をしてきました。

10代の子どもを取り巻くスポーツ環境を振り返ってみると、特に「メンタル」について考え直していく必要があるように感じています。

たとえばスポーツに取り組むことで「挫けない強い心」が育まれるとよく言われます。しかし、強い心とは具体的にどのような状態なのでしょうか。心は「強く」なるものなのでしょうか。

また、「心の弱い人」「心の強い人」という言い回しもよく耳にします。そのような心の状態を決める何かは、生まれ持って備わっていて、その人たちの資質のように語られることもありますが、本当に弱い・強いという固有の性質は存在するのでしょうか。

みなさんも、例えば仕事でなにか問題が起きたときに、そのときの自分の状態や周囲の環境、近くの人のリアクションによって、問題の受け止め方やその後の自分の心への影響が違うと感じた経験があるでしょう。

同じ内容のミスでも、そこまで落ち込まずに、すぐ挽回の動きをとれる日もあれば、やたらと落ち込んでしまい、暗い気分に引っ張られ、なかなか次の行動に移れない日もあるでしょう。あるいは、落ち込んでいるときに、同僚が「ドンマイ。次はいいことがあるよ」と明るく声をかけてくれたことで前向きになれたという経験も、「なんてことをしてくれた。あなたの責任だよ」と責められたことで、適切な判断ができなくなったという経験もあるでしょう。

ミスをして落ち込んでしまい、なかなか切り替えられないでいるとき、「心が弱いことが原因」「心を鍛えて強くしよう」という考え方を捉えなおしたいです。

同じことが子どものスポーツでも言えます。

子どもがスポーツに取り組む中で、強いストレスにさらされたとき、そのストレスに押しつぶされて本領を発揮できなくなることもあれば、ストレス事象を受け止め、柔軟に対応し、実力を発揮できることもあります。

この2つを分けるのは、それまでに子ども自身が身につけてきたセルフケアスキルもありますが、それ以上に周囲の大人がどのくらいメンタルヘルスに理解があるか、メンタルヘルスリテラシーが高い環境をつくれているかが重要です。根性論ではなく、体系的なメンタルヘルスの知識に根差した関わり方をする大人の存在が求められているのです。

これまでスポーツの世界では「メンタル」と言えば「メンタルトレーニング」のことを意味していました。しかし、メンタルヘルスを考えるとき、「トレーニング」の視点だけではまだ不足しています。子どもが充実した気持ちでスポーツに取り組んでいくためには、お互いへの気遣いや心配りを大切にする「メンタルケア」の視点が必要なのです。

メンタルケアとは、子どもを甘やかすことでも、勝利にこだわらないということでもありません。子どもの成長を後押しするためのスキルなのです。

＊＊＊

本書では、スポーツに取り組む子どもの周囲にいる大人のみなさんに、子どもを支えるためのメンタルヘルスの基本的な考え方、大切にしたいこと、メンタルヘルスを大切にする社会をどのように創っていけるのか、私なりに考えたメンタルケアのアイデアをお伝えできればと思います。

そして、実はもう一つ大きな願いがあります。

それは、子どもを応援する大人のみなさん自身がスポーツ界に存在する多くのプレッシャーから解放されることです。

もしかしたら子どもを応援するあまり、言うつもりのなかった強い言葉や態度で子どもを責めてしまったことがあるかもしれません。子ども以上にチームの勝敗や子どもの実力に敏感になっていて、ストレスにさらされているかもしれません。

子どもだけでなく、子どもを応援する大人にも、メンタルヘルスの知識は救いになるでしょうし、一人ひとりの人生をより豊かにするものだと考えています。

もちろん、心のあり方や置かれている状況は一人ひとり異なり、「これだけ知っておけば大丈夫」という唯一の正解を提示することはできません。私自身はメンタルヘルスを専門とする健康教育学者として、また一人のスポーツを愛する人間として、このメンタルヘルス課題には、日々悩み模索しています。

同じような悩みをもち、子どもとスポーツの関係をよりよいものにしたいと願うみなさんと、本書を通して、メンタルヘルス分野から、子どもも大人も安心できるスポーツ環境について、ひいては日本社会について、ともに考えることができ、お役に立てたらそれ以上の喜びはありません。

目次

第1章 スポーツにメンタルケアが欠かせないワケ

第2章　知っておきたいメンタルケアの基本

序章
「体育会系」をひらく

心地よい環境をつくる3つの条件

子どもがスポーツを自然に楽しみ、競技を通じて自分の成長を感じるには、心地よい環境が欠かせません。

一人ひとりのメンタルヘルスの状態は環境から大きく影響を受けているにもかかわらず、メンタルヘルス不調をきたすとその個々の責任と考えられてしまうことが少なくありません。

スポーツ界では、ＩＯＣ（国際オリンピック委員会）などの国際スポーツ機関は、メンタルヘルス課題について個人の問題にするのではなく、スタッフや組織全体で考えるべきであるという姿勢を明確に示しています。[1,2] これは、トップアスリートの世界だけでなく、ジュニアアスリートでも部活動やクラブチームの子どもでも、学校でも、職場でも、あらゆる場面で同じことが言えるでしょう。

では、メンタルヘルスの観点から心地よい環境（Mentally healthy environment）とは、どのようなものを指すのでしょうか。

メルボルン大学でアスリートのメンタルヘルスについて研究を行うローズマリー・パーセル氏、サイモン・ライス氏（現在は退職）はこの「メンタルヘルスの観点から心地よい環境」

のための３つの条件[3、4]を示しました。

①「心理的に安全な環境（Psychological healthy）」

簡単に言えば、自分の意見や気持ちを安心して表現できる環境です。

②「メンタルヘルスリテラシー（Mental health literacy）」

メンタルヘルスについての知識、理解が高い環境です。

③「偏見の小さい社会（Low Stigma）」

精神疾患を含めメンタルヘルスに対する否定的な態度が小さく、助けを求めやすい、手を差し伸べやすい環境です。

この３つそれぞれが高まり、３条件がそろったとき、メンタルヘルス不調の予防や回復を支える文化が醸成されます。フィジカルの怪我と同じように、メンタルの怪我も大切に捉え、当たり前に適切に対応できる環境が求められます。ＩＯＣもメンタルケアの優先順位を高めるべきだという意見を表明しています。私もこのような環境づくりを実現するために「心理的に安全な環境」「メンタルヘルスリテラシー」「偏見のない社会」の３つが不可欠であるという意見・知見に同意しています。

「空気」がメンタルヘルスをも支配する

本書ではここでいう「メンタルヘルスリテラシー」について主にふれていきます。メンタルヘルスリテラシーについて考えることは「心理的に安全な環境」と「偏見のない社会」をどのようにつくっていくのかを考えていくことと同じです。これは**スポーツ界特有の価値観や文化＝「空気」を見直す**ことです。弱音を吐けない、相談もできない、周囲の目も気になるという従来のいわゆる体育会系の空気のなかでは、いくらメンタルヘルスリテラシーを高めようと周囲が必死に取り組んだとしても、実際のメンタルケアの充実は実現しないでしょう。

第1章で説明しますが、日本の男性ラグビー選手においても、メンタルヘルスに関する知識を豊富にもつ選手でも、自分が不調のときには、他者に相談しようとしないという調査結果が出ています。他人には手を差し伸べられるけれども、自分の場合には助けを求められない。実際に、メンタルヘルス不調の程度が強い選手ほど、相談できていない状況も同時に確認されました[5]。

現在の日本社会は、安心・安全に偏りすぎていると感じています。「安全・安心」、つまりリスクを極力小さくし、予測可能性を高くして、なるべく失敗をしないようにすることへの最大限の配慮・管理が過剰に行われている。安心・安全という言葉は聞こえはよいのですが、実際のところは、挑戦することが認められにくく、窮屈を感じる社会と言えるかもしれません。

安心と信頼は似ているようでその意味合いは全く異なります。社会心理学者の山岸氏によれば、[6]「「安心」と「信頼」の違いは、社会的不確実性が存在する状況で生じ、その中での「安心」とは、社会的不確実性が存在していないと感じる、または社会的不確実性は存在するが相手に裏切るメリットがないため、相手が自分を裏切らないだろうと期待すること。具体的には、相手と親兄弟の関係にあるとか、相手が裏切れば厳しい制裁を受けることになっている場合である。これに対し「信頼」とは、相手が悪い人間に見えないとか、相手が明らかに自分に好意を持っている場合のように、相手の人間性ゆえに相手が自分を裏切らないだろうと期待することである。」

この考え方を現実社会に適用するならば、スポーツ界、学校、その他私たちが所属するコミュニティ・組織のほとんどは、社会的不確実性が存在する状況にあります。そうであれば、裏切ったときの損得勘定で「安心」を求めるよりも、相手の人間性に期待する信頼関係にもとづいた環境づくりを求めたいものです。

私たちは環境と相互に関係して生きていて、生きていれば多様なストレスがあり、期待とのズレ、あるいは未来の不確実性から強い不安を感じることもあります。その状況の中で、環境との相互作用や生じた不安等の心の様子を解釈できる知性や知識を身につけ、話し合える環境が理想的です。そのような理想的な環境に対して、現在、どのような価値観・文化が障壁になっているのでしょうか。

部活動を取り巻く社会問題

薬物問題、いじめ、指導者の体罰・パワハラ事例など、部活動現場で起きてきた社会問題、数々の報道により注目されるスポーツ界関連の事案が後を絶ちません。部活動やジュニアアスリートを巡る問題が報道されています。これらのハラスメントにしろ、薬物使用にしろ、何かが問題として世に知られるときには、基本的には、その事案を個人の問題とすることがほとんどで、責任がその個人に置かれてしまっています。

ここに挙げたような事案でなくても、日々チームの中でさまざまな出来事が起きているはずですが、それらを一体どの程度「チームの課題」として捉えることができているでしょうか。

図1：エコロジカルモデル

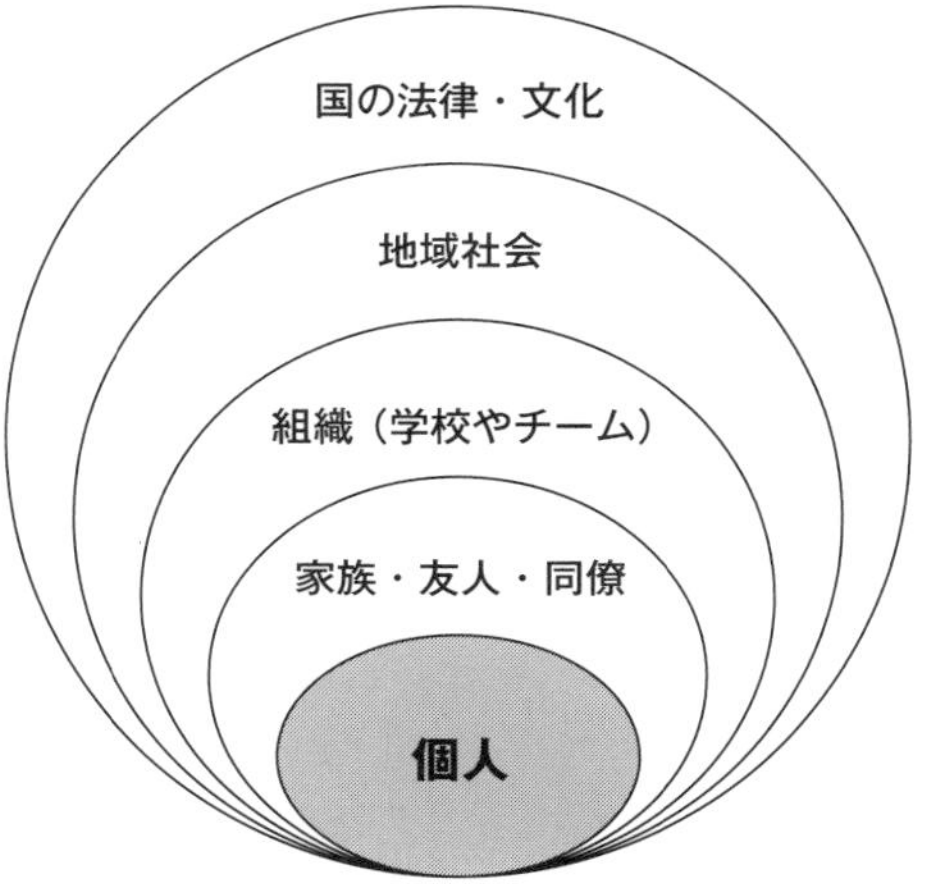

その問題が起きる背景には必ず周囲の人や組織との関わりがあるはずです。図1は**エコロジカルモデル（生態学的モデル）**[7,8]と呼ばれるものです。個人の知識や態度・行動、また個々の価値観でさえも、周囲の人や環境からの影響を受けている、そして変化し得ることを示しています。私たちは、ある問題が起きたときに安易にわかりやすい個人の責任にしてしまうのではなく、その周囲の環境や社会が与えてきた影響にも目を向ける必要があります。

障害の個人モデルと障害の社会モデルという考え方[9]があります。障害の個人モデルは、ある個人が困難に直面したのは、その人に原因があるという考え方です。障害の原因が個人にあるので、自分一人でなんとかしてその障害の克服を求めることにつながる考え方です。一方で、障害の社会モデルは、社会環境やその仕組み・状態に何かしらの原因があり、困難や障害の原因は「社会」にあるという考え方です。

体罰・ハラスメント、薬物使用は、日本においては既に多くの人にとって、いわゆる逸脱行動、社会的にも大きなリスクのある事象・行動として認識されているはずです。これまでも数多く報道されてきており、そうした理解は広く共有されています。しかし、それでも学生寮で薬物に手を出してしまったり、部活内で体罰が起こるのは個人の問題だけでしょうか。そうさせてしまう環境があるからだと考えずにはいられません。頭ではわかっていても、それをせざるを得ない状況・環境にあったのでは？　と考えるわけです。

問題が生じやすい環境とは？

問題が生じやすい環境、そしてそれが連鎖する環境とは、どのような環境なのか。それは**「閉ざされた環境」**にあるのではないかと考えています。閉ざされた環境で大きなストレス要因が発生しているときに、その閉塞的な環境の中で、ストレス発散をすることは難しいでしょう。

物理的な例でわかりやすいのは寮です。スポーツ推薦のあるような学校の場合、寮に入らなければならないケースがあります。また、クラスによっては大半がスポーツをやっている生徒や学生で、近い環境で長い時間を過ごすのは同じ部活の仲間がほとんどという場合もあるでしょう。そうすると学校生活でも部活でも寮でも、1日をほとんど同じ顔ぶれで過ごすことになります。

理不尽だと思われる部則（ルール）があるチーム、厳しい上下関係のあるチーム、監督などの指導者の意向が強いトップダウン型のチーム――。これらはまだまだ全国に存在しているようです。自由に意見を言うのがためらわれるチームも心理的に「閉ざされた環境」と言えるでしょう。そこまで極端な環境は少ないかもしれません。しかし、環境的にも心理的にも「閉ざされた環境」がいかに難しい環境なのか想像できるのではないでしょうか。

「閉ざされた環境」をもつ部活動やチームでは、**古くからある固定的な価値観や文化、暗黙の了解として浸透しているルールが存在**しています。そのため、新入部員はまずそのチームでの「正解」を察知することに精神的な労力を割いたり、暗黙の了解を知らないことで理不尽に怒られるという体験を重ねたりして、大きなストレスがかかるでしょう。新入部員でなくても、正解や暗黙の了解を察しながら生活を続けなくてはならないことは、大きな負担を感じるはずです。

暗黙の了解は恐ろしいもので、権力構造を生み出すきっかけにもなり得ます。その組織の独自の価値観やルールを疑わず従う人と、その価値観に疑問をもつ人がいる場合、その閉ざされた環境下では、従順な人が有利な場合が多いでしょう。後者はどうしても常に不利な状況に置かれ、それが続けばいつのまにか対等ではない関係性がつくられてしまうことは想像に難くありません。その価値観やルールを知らない（気がつかない）人もいて、その場合に、排除されてしまうケースも少なくありません。

せめて、「ここでは、こういうルールがある」と全員に等しくアナウンスされていればよいのですが、現実は「空気を読め」「こうするのが当然」などあいまいな形でしか伝達されていない場合が多いようです。

このような閉ざされた環境は非常に大きなストレスとともに機会の差を生みます。新入生は生活の大きな変化によって、ただでさえストレスがたまる状況にあって、さらにこの閉ざされた環境下に適応が求められます。周囲に話ができる人や友達がいなかったりもします。

そのような厳しい環境下で、例えば、思考・判断力が極端に落ちて衝動的になってしまう状態に陥り、「誰にも頼れない、一人でなんとか解決しなければならない。すぐにでも楽になりたい。目の前のストレスに対処したい」という考えに至ったとき、どのような行動に結びつくでしょうか。

身近にあって手っ取り早くストレス解消になりそうなところに手を出してしまう。飲酒や喫煙、薬物など、ちょっとリスクはあるけど、やってみたら気分が変えられるかもしれない、楽になれるんじゃないかという衝動的で不健全なストレス対処行動につながるかもしれません。それが自傷行為やハラスメントという場合もあるかもしれません。

逆に過剰に適応してしまう場合もあるでしょう。何を言われても、自分では考えず、何も感じないように、とにかく元気よく「はい！」と返事をしている。見た目上はチームに馴染めているように見えても、心には大きなストレスがかかっているという場合も少なくありません。

のちほど詳しく述べますが、このような不健全なストレス対処行動も、実は健康教育学の知見から説明することができ、予防や回復の手立てをとることができます。

余暇活動という意味をもつスポーツ。スポーツはストレス発散、メンタルヘルスにもよいと言われています。しかし、そのスポーツを行う環境が閉ざされてしまうことで、大きなストレスになってしまっているかもしれません。

「体育会系」という闇

本書でメンタルケアと同等に考えていきたいのが「体育会系」についてです。「体育会系」という言葉からは、スポーツ系の部活に所属している・していたという意味合い以上に、そこで培われる独自の気質をもった人間、あるいはその耐性がある人間を意味するのが一般的な使われ方なのだと思います。上下関係を重視し、ルールや上司の命令には従うこと、歴史や伝統、さらには人生の経験者に敬意を払うというように、よい面も悪い面もあるというのが私の立ち位置です。

ところで、体育会系の飲み会に参加したことはあるでしょうか。

私はこんな経験があります。席次は若い人が入り口近くに座って、奥にいくにつれてだんだんその組織で偉い人になっていく。一番奥に座る人以外は正座している。ドアの近くにいる若い人は一番上の人に口もきけない。話をしにいく道は遠く、間の人に許可をとりながら前に行って、やっと辿り着く。こんな光景でした。このような極端な体育会系の集まりの様子を残している組織がどれほどあるかわかりませんが、組織風土には強く影響して残っていると感じています。

体育会系の考え方の基本である、立場が上の人の言うことは絶対、師弟関係の中で自分を成長させるといった思想は、昔から連綿と続いてきたものです。それを素地に、戦後、高度経済成長時代に体育会系思想がうまく入り込んで、日本の今があるように思います。

近代ではエリートであった大学生たちが学業とともに運動をして体を鍛えて、社会に出て活躍し、世の中が築かれていきました。敗戦からの復興期に、国家建設の中核を担った公務員も、やはり上司の言うことが絶対で、教育においても、そのなかで力を発揮できる人を育てることに主眼が置かれました。何世代かそういうことが繰り返されると、日本全体が体育会系マインドをもつように自然とそうなっていったと見ています。

これまではそのよい面が多かったのかもしれません。年長者をリスペクトしてその経験をいかして、トップダウンで「こうやろう」と決まる。目標ができれば、それが正解であると信じて、理不尽にも耐え、突っ走ることが国の成長にもつながり、それが自分にも返ってきた時代があったそうです。自分の行動と組織や国の成果への到達がセットになっていて、わかりやすい道だったのだと思います。それができる人、その敷かれた道を誰よりも早く走ることができる人が重宝されました。

スポーツの世界も似たところがあります。あるアスリートから教えていただいた話で、トップアスリートになるための道はある程度決められていて、その道を脱線することなく、脇目もふらずに全速力で走って、競争に勝ち続けた人がプロなどの舞台で活躍していることが多いようです。

無理をしすぎた「全国体育会系社会」

現在の部活は、全国体育会系社会を疑似体験させ、それを社会に残すためのシステムになっているのかもしれません。部活動・学生スポーツで活躍すると、そのＯＢがいる会社に引っ張られることがあります。このリクルートシステムは、大学部活動だけでなく高校から、早いと中学から道が用意されていることもあると聞きます。そのようなリクルートシステムは、体育会系の風土や思想を受け継ぐのには、とても効率がいい。しかも、このような就職ルートをもつのは、大抵は大企業で、社会的に立場が高い人たちです。体育会系文化が、自然と社会の風潮にそのまま浸透し、その結果が、「全国体育会系社会」をつくることにつながっていったと言っても過言ではないかもしれません。

本来は、大学の部活動等の組織には多様な人が集まっているはずです。上手くすれば、多様な人間がいて多様な考え方があることを実生活での経験から学ぶことができます。自分と他者の間で、考え方や意見のコンフリクト（衝突）が起こりながらも、多様性や多文化共生の基盤を身につけることができるはずです。しかし、体育会系組織では、上の立場にいる人の考えが唯一の解で、違いは認められにくくなっています。自分の考えは何かということを考えず、議論する機会をつくることも難しいでしょう。

最近では、そういった体育会系の弊害がクローズアップされるようになってきました。職場でも、上司の考えや気分、その組織の暗黙の了解を探りながら意見をする人は少なくないのではないでしょうか。これは言っていいことなのかとか、これを言うと気分を損なわないかということを察知しながら話さなければいけない。**見えない正解を探り、自分の考えをなおざりにし続けることは、非常に大きなストレスの一つ**でしょう。自分の考えをもつことをやめてしまっていいのでしょうか。

それから、組織に属す中での、いじめの問題もあります。同質性の高い組織というのは相手を自分たちの仲間だと理解したときには、その人をとても大事にしますが、仲間ではないと思ったときには理解するのではなく、排除してしまいます。集団の環境を乱す人は排除するというのが、いじめです。

帰国して感じたちょっとした窮屈さ

私のちょっとした経験についても語りたいと思います。2023年は、オーストラリアのメルボルンで生活していました。メルボルン大学の研究室に所属し、先に述べたローズマリー・パーセル氏、サイモン・ライス氏とアスリートやスポーツ界のメンタルヘルスについて国際共同研究を行うためです。

「日本は閉鎖的な国である」

そのような意見を述べる書籍等がたくさん出ていますが、私自身にはまだまだ実感はありませんでした。それまでの周囲の環境に恵まれていたからでしょう。しかし、メルボルンでの生活を経た今では、日本社会は、メンタルヘルスの観点から心地よい環境かどうかという点で、メルボルンとの大きな違いに気がついてしまいました。あくまで、オーストラリアのメルボルンという一つの街で生活した経験、また比較するのは私が生活してきた東京都という偏りのある意見ですが、私の現在（2024年3月）の感覚を共有しておきたいと思います。

コミュニケーションの中での自己表現と他者を受け入れる力が全く異なります。メルボルンには他者に開かれている人に多く出会えたように感じます。メルボルンの研究室メンバーに聞くと「元々移民が多いことが背景にあるからかもね」と話していました。一人ひとりがもつ文化や価値観が違うという前提があるのかもしれません。

相手を知ろうとし、相手を知るために、自分のことを話す。職場の同僚も、公園で仲よくなった人も、道ですれ違う人も、自然に目を合わせます。ゆったりとした時間の中では、にっこりと握手をして、雑談が始まります。自分はどんな人間なのかというところから話し、じゃああなたはどんな人なの？　という会話がおおよそのパターンです。自分の考えや感情を表現するのが得意で、それらは日常的に自然なコミュニケーションの中で行われていました。

日本に帰ってきて、すぐに気がついたのは、**すれ違う人と目が合わない**ことでした。目を合わせてにっこりしたら通報されるのではないかと思うくらい目が合わない。当然、会話は始まりません。あまり自分のことも話しません。元々生活していた場所に帰ってきたので、自分が異なる文化に染まって帰国しただけではあるのですが、コミュニケーションや人との距離感の違いは小さくないストレスになってしまいました。

メルボルンの同僚の意見を参考にすると、メルボルンは移民の街で「みんな違っている」という前提があるのに対し、日本は閉鎖的な島国で「みんな同じ、違いはないはず」だという前提をもちやすい、あるいは違うところは見ないようにしてしまいがちなところが、コミュニケーションや人との距離感の違いを生んでいるのかもしれません。

人間同士のコミュニケーションは文化をつくり、社会システムにも反映されます。みんな違うという前提があれば、正解は一つではないという考えになるでしょう。

例えば、メルボルンでは、デモもよく行われていましたが、政治的な思想・信条が異なっても排除することはなく、同じ地域に住んでいる者同士で仲よくバーベキューすることもよくありました。研究所のチームメンバーもさまざまな国から多様な人種が集まって構成されていました。あの人はそういう考えなんだねと認め、日常の付き合いにそれぞれの違いは関係しません。

もしかしたら、日本に住む私たちは、考えが違うことがわかると、それだけで距離をとってしまうのかもしれません。その違いに面白さを感じて、さらに相手を知ろうとする人は少ないのかもしれません。私たちの安全を脅かす存在で危険かもしれない。別の村の人間だ、出ていってもらおうという考えをもっている人が少なくないかもしれません。

閉ざされた環境や組織は、硬直化を招き、新しい挑戦をすることがなくなってしまうでしょう。国内でもメッセージとしては、多文化共生・共創社会を掲げていますが、上司の命令や考えが絶対、みんな同じであるべきという風土の中でそのメッセージが発信されている間は、実現はなかなか難しいように思います。みんな違っている、異なるバックグラウンド・考えをもつのだという前提に立った上で、自分はどんな人間なのか、何を考えていて、どのような気持ちなのかという心の様子を自由に表現できること、それと同時に相手を理解することが必要なのだと思います。今後、「全国体育会系日本」がどのように変わっていくのかを注目しています。

「強くなければならない」というプレッシャー

企業で「メンタルヘルスの観点から心地よい環境」について講演をさせていただく機会がありました。その講演後には質問ではなく相談をいただくことがあります。組織の外から来て「話しやすい環境づくり」の話をする私は、話をしやすい存在なのだと思い、ありがたく聞かせていただいています。相談してくださる方は、閉ざされた環境に属していることがほとんどです。

大学時代まで体育会系の部活動に所属し、そのまま部活の先輩に引っ張られ、同じ気風の企業に就職して仕事を続けている。会社では強く、明るく振る舞っているけれど、常に上司の顔色をうかがいながら、正解を求めて、自分の考えは押し殺して生きている。上司の考えを探っているけど、正解がわからないと極端に不安になる。上司からのメールを開くたびにドキドキする。夜中に目が覚めることがあって、朝は仕事に行くのがつらい、どうしたらいいのか、と。

自分の考えは本当に自分の考えなのか、それとも監督や上司の考えなのか、組織の考えなのか。それがわからなくなると、自分の、一人の人間としての価値を感じられなくなってしまう。私にはそのように見えました。

元々運動部の出身であって体力のある方がほとんどです。ただ、体力があるうちはなんとか頑張っていけるかもしれませんが、ずっとは耐えられません。どこかでブツッと切れてしまうかもしれません。強くありたい人たちが多く、周囲や家族にもなかなか相談できない。自分で新しいキャリアを築くのが難しいという側面もあります。部活動の場合、3年間や4年間はなんとかしのげたとしても、そこで生まれた価値観や行動規範は内面化され、その後の人生にも影響を与えてしまいます。

ちなみに、よく聞く話で、スポーツを頑張ってきた子のなかには、進学を機にきっぱりと競技を辞める子がいます。「やりきった」とか「目標を達成できた」「ほかにやりたいことがある」などの、前向きな理由の人もいる中で、「もうあんなきつい目にあいたくない」「これ以上続けたくない」というネガティブな理由を聞くことも多いのが現状です。なぜ、スポーツを続けたくないと思うのか。スポーツに関わる私たち大人は、その理由について、よくよく考えなければならないと思います。

「周りに馴染めない子をどうしたらよいのか？」――閉じた環境の弊害

閉ざされたスポーツや部活動の環境をどのようにして開くことができるのか。そして、実際に開くとどうなるのだろうかを考えてみます。開くことがなぜ重要かといえば、いろいろな人の目と考えが自然に入ってくるからでしょう。村の中に、新しい人の目と考えが入ることで、広い社会にはさまざまな価値観が存在すること、別の常識があることに気がつきます。

現在の指導は本当に正しいですか、このやり方はハラスメントになっていませんかという疑問と問いかけが生まれることもあります。体育会系では、その組織（村）での常識が何よりも大切にされます。子どものころから、唯一の価値観の環境で育つと、あたかもどの世界もその常識が通じるのではないかと思ってしまいがちです。

しかし、その体育会系社会の外には別の常識や価値観や文化があります。それまでの常識と別の価値観や文化にであったときに、それを受け入れる気持ちが育っているかどうか。外の世界の人と話をしたら視野が広がるし、つながりができることで新しい居場所ができるかう。

もしれません。そういったものを享受するには、自分自身も開かれている必要があるでしょう。

体育会系社会の組織では伝統や常識、目上の人の考えが正解とされています。本当の正解は、その都度、状況によって違うはずでしょう。お互いの違いを理解して、受け入れて、尊重し合い、よりよいものを認め、一緒に新しいものをつくり上げていく。それぞれの考えを混ぜ合わせて一旦結論を出したとしても、その後不具合があれば、柔軟に変えていく、そのような社会や組織になれば、みんなにとって居心地のよいものとなるのではないでしょうか。

人間は、他者の心を想像し、察する能力を司る脳の部位が発達したことで、集団・社会をつくってきたと考えられています。一方で行き過ぎると排除につながります。

学校の先生向けの講師をさせていただくこともあります。参加された先生からこんな質問をいただいたことがあります。「クラスで浮いている子がいた場合、その子にはどのようにその事実を伝えて、浮かないように指導すべきでしょうか。周囲の子どもには、あの子ができないところはこれだから、みんなで教えてあげるようにという指導をしているのですが、どうやったらうまくいきますか」と。

現状の学校や学級での組織運営のためには、同調できない子をどのようにして、みんなと同じようにするか、ほかの多くの児童生徒が困らないようにという発想になるかもしれません。ただ、立ち止まって考えるとそれこそが排除、いじめにつながる考え方かもしれません。現在や将来の学習や社会経験の機会を失うことにもなりかねません。大切なのは「みんな違う」という考えをもつことから始めることでしょう。

勝利を目指すことは悪か？

行き過ぎた勝利至上主義。それは「体育会系」と同じように、かつての日本の部活動を象徴するような言葉です。勝つためには子どもたちの心身の状況・健康さえも顧みることなく、ハラスメントを含めて、それも指導の一環として鍛え上げることも許容されていました。勝利のためならなんでもするという態度が美談になってしまうこともしばしばありました。

元バレーボール日本代表の益子《ますこ》直美《なおみ》さんが「監督が怒ってはいけない大会」を立ち上げ、文字通り、指導者が怒らないことをルールにし、重視するのは勝ち負けではなく「子どもたちが楽しくのびのびとプレーすること」を掲げて、大会・イベントを企画して全国を行脚し、広く注目されています。

このような活動を通じて、そのときの勝利のみを讃えるような風潮は見直され始めていますが、現状はまだまだ子どもたちに関係する多くの大会が負けたら終わりのトーナメント方式です。注目を集める大会になればなるほど、営利企業によるスポンサーを通じて勝利の価値が高められている様子も見受けられます。行き過ぎた勝利至上主義はまだ根強く日本の部活動を取り巻いていると言えるでしょう。

スポーツでの勝利、文化系の部活動でもコンクールやコンテストで賞を取ることを目標にして、それ自体が悪いわけではありませんが、目の前の勝利や賞に重みを置きすぎると勝利至上主義に陥りやすくなるでしょう。**勝利の重みをより感じているのが子どもたちではなく、指導する大人たちの場合があり、それが拍車をかけている。**行き過ぎた勝利至上主義問題について、私はそのように見ています。

例えば、学校での監督の立場や保護者からの期待、さまざまな利害関係、学校そのものの名声などがかかっていると、勝つためだったらなんでもするということになりかねません。そこまで極端ではなくとも、指導者が、スポーツの価値は、勝利やわかりやすい順位を通じてしか得られないものだと信じていると、勝利だけを目指すことになってしまいます。勝利を目指すこと自体が悪いわけではありません。勝利という目標に向かって、個人、集団として頑張っていく過程では、さまざまな発見があり、個々が変化し、成長でき、さらに負けてしまったとしても、なぜそうなったのかと振り返ることができる。過程に目を向けると、学ぶ機会が豊富に存在しています。

勝利至上主義は勝ち負けの二項対立として捉えることができますが、あまりに単純な構造なのだとも思います。勝利すれば喜び、負けには何も価値がない。保護者の方も含めて「勝った！　やった」で終わるのはわかりやすさを追求しすぎています。そうではなく、目標としての勝利に向かうプロセスを大事にすることで、それが変わるでしょう。

トーナメント方式で最後まで勝つことができるのは１チーム、あるいは１人ですが、そのためのプロセスは多様で、常に変化します。練習でもコンディショニングでも、チームへの声かけでも、何かを変えればそれに伴って変化することが多々あります。大切なのは過程を見ること。特に、自分たちの強みは何で、ルールや残された期間の中で何に集中して伸ばすことで勝てるのか。そういった条件下で、自分たちで考えることに価値があるのだと思います。また、勝ったあとで何をプロセスとして勝つことができたのかを振り返ることが学びになるのではないでしょうか。

２０２３年のアジア大会の際に、ある新聞社から取材を受けました。その大会に向けては、日本もオーストラリアもメダルの獲得目標数を出しませんでした。

オーストラリア国立スポーツ研究所（ＡＩＳ）の関係者に話を聞き、メダル獲得目標数を出すことによって、選手のメンタルヘルスにどんな影響を及ぼすのかなどを議論したうえでの「出さない」という決断だったようです。「選手に過度なプレッシャーを与えないために、そもそも国のメダル目標など不要ではないかと考えられている」と答えました。ちなみに、ＡＩＳのなかには元アスリートの心理士が複数おり、その方たちが中心となり、国際競技大会に向けた政策や取り組みについて、アスリートのメンタルヘルスケアの観点から意見出しをしているという話を聞きました。

また、心理士というと、日本では個人を対象にしたカウンセリングを行う人というイメージが強いですが、オーストラリアにおいては、個人の心理だけでなく、集団の心理を扱う専門家として、組織のリーダーシップを発揮するポジションにいたり、リーダーをサポートできる立場に心理士が置かれていることを多く見ました。日本の場合は、組織内でまだまだ心理士が意見を言う機会が少なく、また、集団の心理ではなく、あくまで個人のカウンセリングのみ期待されていることがほとんどと言える状況です。心理士の方々こそ、「メンタルヘルスの観点から心地よい環境」を創る専門家としての活躍が望まれます。

子どもとの関わりには「ライフコース」の視点が欠かせない

スポーツ、身体活動は、子どもの頃から老いて死ぬまで自分のそばにあります。年齢とともに身体も心も変わり、もちろん周囲の環境との関わり方でメンタルヘルスの状態も変わる経験をするでしょう。その意味では、スポーツを通じて、常に自分の身体と心について学ぶことができる教材であり、学びの機会を作るものだとも考えられます。その上で、指導者にはライフコースという視点をもっていただき、**自分はどの年代のアスリートを指導しているのかを常に意識してもらいたい**です。

スポーツには幼少期から老齢期まで、年齢によって適切な負荷であったり、目標とするものやそのための過程があります。部活動を経験する中学・高校・大学年代は心も身体も発達段階にあり、今後の人生において多様な選択肢が広がっている時期でもあります。ライフコースの視点をもっていれば、その段階で過度な食事制限を強いることはないでしょうし、怪我をしているけれどチームが勝つために試合に出ろと言うこともありません。個々の人生を考えれば、生涯にわたってスポーツを続けることが健康においても人生の豊かさにおいても有益です。だからこそ、指導者が人生の早い時期にスポーツを嫌いになるような指導はしてはならないでしょうし、健康を害することなどあってはなりません。

自分の経験を振り返ってみても、体育会系の環境にどっぷり浸かっていた時期があります。先ほども触れましたが、医療・教育・学術などあらゆる業界が体育会系社会です。それでも私がこのように「メンタルヘルスの観点から心地よい環境」をつくるためにどうしたらいいか？　ということを主眼として取り組みを続けているのは、のちに述べる中学のときのバスケットボール部での経験が一つ大きな影響を与えているのだと思います。楽しさ・面白さが前提にあり、その中でパフォーマンスを高めていくことで、その競技やスポーツ、研究、仕事を好きで居続けられる。自分が経験してきたことを踏まえても、どんな指導者と出会うか、ライフコースを意識した指導がなされるかは重要なのだと感じています。

子どもたちが部活動等を通じて、個人やチームの変化や成長を経験することは、社会に出た後にも活かされることでしょう。例えば、仕事でプロジェクトを立ち上げて進めようとするときに、チームのメンバーとどのように遂行するか、課題があったときにどのように改善しようとするのかということに対する態度や行動です。

そのほかにも、スポーツは自分の身体を使って心身の機能を学び、体験できる機会でもあります。ラグビーをする、野球をする、サッカーをする、バスケットボールをするための、効果的な身体の動かし方を経験から学ぶことができます。どのように鍛えれば、どのように変わっていくのか。また、先に述べたコンディショニングツール等を使いながら、自分の心と身体の様子をモニタリングして、メンタルヘルスとパフォーマンスの関係を考えることもできます。チームスポーツにおいても、チームと個人の関係を見ることもできます。

メンタルヘルスの視点も同様で、自身や他者、その環境におけるメンタルヘルス向上（予防と回復）にとって重要なことは、自分や他者、環境が現在どんな状態なのかを知ること、それを周囲の人に伝えること、そして自分も聴く状態をつくることです。これはコミュニケーションそのものであり、スポーツを通じて、経験して学ぶ絶好の機会でもあります。

部活動においては、思春期という衝動的になりやすい時期の子どもと向き合わなければいけません。うまくいかないことをたびたび経験し、その中で生じた子どもの不安や悩み、メンタルヘルス不調を大人がどのようにケアしていくか。周囲の環境から受ける影響でメンタルヘルス不調・障害をきたすこともあれば、メンタルヘルスの状態が改善することもあります。指導者のみなさんには、他者と関わるスポーツ、環境と関わるスポーツを通じて、よりよい人生を送るためのメンタルヘルスの在り方を考える機会を提供していただきたいです。

子どもを多面的に見る

子どもにとって保護者は、長い時間をともに過ごし、大きな影響を与える重要な存在です。発達過程において、さまざまな知識・態度・行動、価値観や自己肯定感など、保護者から影響を受けます。スポーツに取り組んでいる子どもでは、部活の送り迎えや自主練習などで、保護者が協力する機会が多いはずです。だからこそ、保護者がスポーツをどのように捉えて、どのように振る舞うかは、子どものスポーツへの関わりに大きく影響します。

スポーツクラブチームのコーチからの話では、残念ながら、子どもの練習を見に行った保護者が、練習後にミスを細かく指摘する、試合に勝った・負けただけにこだわる、指導者や審判などに悪態をつくなどの様子があることを聞きます。

子どもは、保護者の態度や会話をとても気にしており、スポーツに対する考え方も伝わるでしょう。保護者の態度から、子どもがスポーツをしていることだけが自分の価値であると考えてしまうような状況は、過度な期待を背負わせてしまっているから起こることです。当然のことですが、スポーツがなくても子どもは大切であることを言葉にして伝え、保護者は居場所であるということも併せて伝えてほしいです。

先ほど体育会系の伝統ということにも触れましたが、勝利至上主義に陥る保護者も前の世代から考え方を受け継いでいるのだとも思います。そのような保護者はスポーツの価値が結果だけでなくプロセスにあるということを知る機会がなかっただけかもしれません。スポーツの別の価値やメリットを体験する機会があれば変わるような気もしています。

例えばスポーツを通じて、**普段は無口な子どもがすごく楽しそうに会話をしている**とか、**友達ができた**など、ちょっとした変化や成長もスポーツの価値です。それが競技を通じてではなかったとしてもよいのではないでしょうか。

小学生のスポーツクラブだと、キャンプに行ったりもします。そこでテントを立てるのがうまいとか、カレー作りがすごく上手だといったことを発見してもらえる、認めてもらえる。それもスポーツがもつ側面だと思います。

子どもがプレーする上でよいチームとは何か

私が「よいチーム」だと感じるチームは、子どもの成長を多面的に見て、認め合える環境を作っているチームです。練習中の声の大きさだけは誰にも負けないんだとか、怪我で競技に参加できないけれど、誰よりも戦術に長けていて的確なアドバイスができる――。そういったよさを大人がきちんと観察していて、それを言葉にして認め、そして**子ども同士でも「○○の声出しはすごいよね！」「プレーでわからないことがあったら、△△に聞けば大丈夫」といった認め合える関係や信頼関係が築けているチーム**です。

子どもの成長を多面的に促し、発見するのに役に立つのが社会との接点をもって行う活動です。スポーツチームもクラブも、自治会のイベントに参加したり、高齢者施設や保育園を訪れることがあります。競技中には見られない一面を見ることができるはずです。別の環境での新たな発見が、競技に活かされることもあるかもしれません。

またこういったイベントに参加した子どもたちの、「保育士の仕事って、こんなに楽しかったんだ」というような発見が将来の目標になったりもします。スポーツをやっていたからこそ未知の体験ができた、新しい発見やつながりができた。このような機会を導くのは大人の役割でもあるでしょう。

子ども自身が「普段スポーツで意識している、周りをよく見ることがほかの場面でも役に立った！」と自覚できれば、さらにスポーツをする意義も高まるはずです。いつもの活動に少しだけ違った要素を入れてみるだけでも、新しい気づきの機会をつくることができるかもしれません。

ここまでで述べてきたように、スポーツを頑張る子どもを支えるためには、何よりも心地よい環境づくりが欠かせません。冒頭で述べた、「心理的に安全な環境」「メンタルヘルスリテラシー」「偏見の小さい社会」から成る心地よい環境をつくるには、一人ひとりの心がけや意識だけに頼っていては非常に困難です。

できるだけ客観的・具体的に課題を捉え、行動を変えていくことが大切です。そこで役に立つのが「メンタルケア」の視点です。次章以降、私の専門領域から具体的なメンタルケアのお話をしていきます。

第1章
スポーツにメンタルケアが欠かせないワケ

アスリートの3人に1人がメンタルヘルスの不調を経験

２０２１年に行われた東京オリンピック・パラリンピックは前例のない状況で開催され、アスリートの卓越したパフォーマンス、競争の中で選手がお互いを尊重し合うリスペクトを見て、数多くの感動が生まれました。その中で、学びや勇気、オリンピックがこの世界に存在する意味とその価値を知ることができました。そして、同時に、メンタルヘルスという観点でも注目を集めた大会でした。

スポーツに取り組む子どものメンタルヘルスについて考える前に、まずはスポーツ界全体の動きを確認していきましょう。

東京オリンピック・パラリンピックでメンタルヘルスの不調を告白した選手と言えば、アメリカの体操選手、シモーン・バイルス選手が浮かぶ方も多いでしょう。２０１６年リオデジャネイロオリンピックでは、4種目で金メダルを獲得、世界体操競技選手権では男女を通じて史上最多のメダル獲得者です。そんな彼女が、自身のメンタルヘルスケアのために大会中に棄権を表明しました。

オーストラリアのバスケットボール代表エリザベス・キャンベージ選手は、自身のメンタルヘルスを大切にしたいと、東京大会の開催前に代表を辞退しました。日本のテニス選手である大坂《おおさか》なおみ選手は、大会前に自身のＳＮＳで「２０１８年の全米オープン以降、長い間うつ（bouts of depression）に悩まされてきました」と語り、国内外で大きな衝撃を与えました。

こういったアスリートのメンタルヘルスに関する意思表明や行動、メッセージに対し、ほかのアスリートからも賛意が示され、社会に広くメンタルヘルスについて考えるきっかけを与えました。東京オリンピック・パラリンピック前後にあったアスリートによるメンタルヘルスの一連のアクションは、東京大会で生まれた重要なレガシーだと思っています。

しかし、アスリートがメンタルヘルスについて社会に向けて発言したのは、このときが初めてではありません。

２０１８年から東京オリンピック・パラリンピックまでに**国際スポーツ機関からスポーツ界におけるメンタルヘルスケアの重要性について少なくとも9件のステートメント（声明文書）が出されています**[1-9]。その声明文書が出されるまでのきっかけは、アスリートたちによるメンタルヘルス不調やその治療を含めたケアの経験について語り始めたことにありました。その中でも、競泳のマイケル・フェルプス選手によるアクションが大きかったと言われています。

マイケル・フェルプス選手は、15歳で世界新記録を更新し、オリンピック史上最多となる

28個のメダルを獲得した競泳界のレジェンドです。古典的な「強い」のイメージで知られていた彼が、過去にメンタルヘルス不調としてさまざまな症状を抱え、そのための治療を受け、現在も丁寧にメンタルヘルスケアを続けていることを語りました。さらに彼は、精神疾患を含めメンタルヘルス課題について、タブー視する風潮やネガティブな印象をつくる世間の受け止め方を変えるべきであると、さまざまな社会課題を提示しました。

このアクションに欧米諸国やオーストラリアの研究者たちが応えます。フェルプス選手による経験の共有を、彼一人の問題とせず、スポーツ界全体が解決すべき課題と捉え、実態調査として、データをとり、その結果を学術論文にまとめ、報告しました。重ねられた知見にもとづいて、実践的なケアシステムが開発され、現在ではアスリートのメンタルヘルスをサポートする形ができています。現在も、実態調査やケアシステムの評価が行われ、改良が続けられています。

アスリートのメンタルヘルス不調・障害の実態として、こんな知見が報告されています。約1年間、アスリート集団を追いかけた調査では、その対象集団の中で**35パーセントの選手が調査期間中に、不安やうつといったメンタルヘルス不調を経験している**ことがわかりました。また、アメリカの大学生アスリートを調べた結果、25パーセントが精神医療の専門家による支援が必要なメンタルヘルス不調・障害（うつ病や摂食障害の診断基準に合致する）の状態でした。あるチームスポーツ（男性）では最大で45パーセントの選手が何らかのメンタルヘルス不調の症状を経験していると報告されました。

最近では、これまで国際学術誌で発表された数多くの論文の知見を統合して、現役アスリートのうち34パーセントが不安やうつ等のメンタルヘルス不調を経験していることが報告されました。これらの調査から、メンタルヘルス不調・障害は、アスリートでも決して珍しいものではなく、その割合は一般の方と同じ程度だということ、また摂食障害等の特定の不調・障害の状態（症状）についてはむしろ少し高い割合で生じていると言えます[5–17]。

アスリートにかかるプレッシャーの数々

アスリートにとって、メンタルヘルス不調・障害をきたすことにつながり得る、いわゆるストレス要因は約６４０種類あると言われています[18]。もちろん、その全てを一人の選手が経験するわけではありません。このストレス要因は、アスリート以外の人と共通するものもありますが、競争的な環境に身を置くアスリート特有の要因もあります。

アスリート特有の要因は、例えば、競技のパフォーマンスが下がってきた、試合で失敗してしまったといった**競技面での要因**があります。試合に出場するために常にセレクションが行われること、チーム内外で**常に評価されているというプレッシャー**もあります。合宿や試合のための長期遠征のストレスもあります。環境変化への適応にかかる心身のストレスのほか、遠征の際には一人になる時間も多くなり、宿泊先ごとにベッドの種類が違うなど、環境が変わり常に適応が求められるというとても大きな負担があります。さらには怪我や脳振盪《のうしんとう》といった**身体的なトラブル**もメンタルヘルス不調・障害のリスク要因になります。

そしてアスリート特有のストレス要因として最たるものの一つはキャリアのトランジッション[19,20]です。競技引退後の人生の選択を迫られるということです。少なくない選手が契約更新されない、チームからの解雇、あるいは選手生命に関わるような怪我により、この人生の選択が突然にやってきます。いずれにしても競技からの引退のタイミングはどんなに優れた成績をおさめているアスリートでも必ず訪れるものです。

日本代表を経験され、国内外のトップレベルで活躍されたあるアスリートが教えてくれたとても印象に残っている言葉です。「私たちは、パフォーマンスを高めるため、勝利という結果を出すために周囲の人が用意したレールの上を、幼いころから、誰よりも速く走り続けられた人間です。小中高と進むにつれて、限られた強豪校やトップチームに集められます。そうやってだんだんとレールが細くなっても、それでも走り続けた人間です。切磋琢磨と言いますが、結局は、その環境で生き残った人だけがプロやその競技で食べていける選手です。

今でも毎日厳しい競争をしながら、アスリートを続けているんです」
そのような激しい生存競争のなかで生き残ることを考えると、その競技以外の道や別の世界を見たり経験する機会はなかなか得にくい状況にあるでしょう。現役中には、次の（別の）キャリアについて一人で考えることはあっても、周囲の人に相談する機会もない。インターンや転職活動をするなどして、具体的に決まっていることはほとんどないそうです。実際に、多くの指導者や競技関係者は「目の前の競技のことだけを考えなさい」と言い、アスリートは練習や試合以外の必要な休息（回復）の時間であっても、競技以外のことをしていると周囲の人から注意されてしまうという厳しい状況もあります。

キャリアトランジションではもう一つ、引退とは逆に、高校生や大学生が一般人からプロスポーツ選手へと移行する際の大きな精神的負担は十分に認識されていません。この時期には、自分自身と周囲からの高まる期待、社会的な注目の急増、そして生活環境の顕著な変化など、メンタルヘルス上のリスク要因が多くあります。表面的には輝かしいキャリアを歩み始めたとしても、その裏にある精神的負担は見過ごされがち[21]です。

もちろん、本書をお読みの方が関わる子どもたち全員が、スポーツ選手を目指しているわけではないと思いますし、このような厳しい状況には置かれていないかもしれません。しかし、スポーツ選手を目指していなかったとしても、部活動の引退等の時点で、燃え尽きてしまう子どもは少なくありません。またスポーツでなくても、勉学の方では競争的な環境に置かれているかもしれません。子どもたちには、日常的にかかるストレスだけでなく、それぞれの環境がもたらす特有のストレスがかかっているかもしれないということは意識していただきたいです。

「メンタル」の意味を書き換える

これまでもスポーツ界では、フィジカルと同じくらい「メンタル」という言葉が使われてきました。心・技・体という言葉は、馴染みがあり、よく使われています。「メンタル・心」の重要性も知られています。しかし、これまでのアスリートのメンタルのサポートと言えば、「より強く」や「いかに本番で力を発揮するか」という強化やトレーニングのことで、いわば競技パフォーマンス向上を主な目的としたものでした。そのための専門家もたくさんおり、この分野で素晴らしい仕事をされている方を多く知っています。

しかし、強くいるためのメンタルだけでなく、メンタルヘルスケアが必要とされています。アスリートも一人の人間であり、メンタルヘルス不調・障害を経験し、一般の人と同程度に、ものによっては少し高い割合で発生することがわかっています。
そういった不安やうつ等のメンタルヘルス不調をどのように予防するのか、症状を感じたときにどうすべきか、不調や障害からどのように回復するのかを扱うのがメンタルヘルスケアです。スポーツ界の「メンタル」にメンタルヘルスケアも加えなくてはいけません。

メンタルヘルスとはグラデーションである

メンタルヘルス（Mental health）という言葉の定義は幅広いものです。WHO（世界保健機関）によると「すべての個人が自らの可能性を認識し、生命の通常のストレスに対処し、生産的に働き、コミュニティに貢献することができる健全な状態（原文：“state of well-being in which an individual realizes his or her own abilities, can cope with the normal stresses of life, can work productively and is able to make a contribution to his or her community”[22]）」とされています。

この抽象的な概念をもう少し整理したものが図2です。メンタルヘルス不調・障害の有無や程度とメンタルウェルビーイング（日々の心の変化）を基準に2軸[23]で表されています。この図の横軸は、いわゆる心の健康度を表し、右にいくほど健康な状態、左にいくほど重い障害の状態を表します。いわゆる精神医学・保健の領域では、主に、メンタルヘルス不調・障害（精神疾患）の有無や程度についてよく時間をかけて考えてきた歴史があります。横軸のように**「0か1かではなく、連続のイメージ」**をもっていただくことが大切です。

メンタルヘルスの話をすると、健康か病気か、こっち側かあっち側かという二元論に陥りがちです。もちろん、現実には、臨床現場では抱えている症状や生活上の困難を考慮した医学的な診断基準の軸はあります。しかし、一人の人間の健康状態は一連の連続体で、健康から障害をきたした状態まで段階的に移行します。健康にもさまざまな状態があり、病気の程度もさまざまです。どこかの間で、大きな橋を渡ったり、高い壁を超えて別の世界に行ってしまうというものではなく、それぞれの状態を切り離して考えることはできません。メンタルヘルスは0か1のような単純なものではなく、より微細なスケールで考える必要があります。例えば、メモリを刻んで0から１００で心の状態を捉えるようにしてみたら、今日は40だったから、まずはどうやって60に戻すかを考えよう、必要なら医療の専門家を頼ってみようかなど、日々の健康を柔軟に捉えることができるわけです。

縦軸が表すメンタルウェルビーイングとは「その人にとって、その人の心が心地よい状態・状況にあること」です。上にいくほど「本人にとって心地よい、自分が自分らしくいる状態」を表しています。イメージとしては上にいけばいくほど生き生き、下にいけばいくほ

図２：メンタルヘルスの概念図

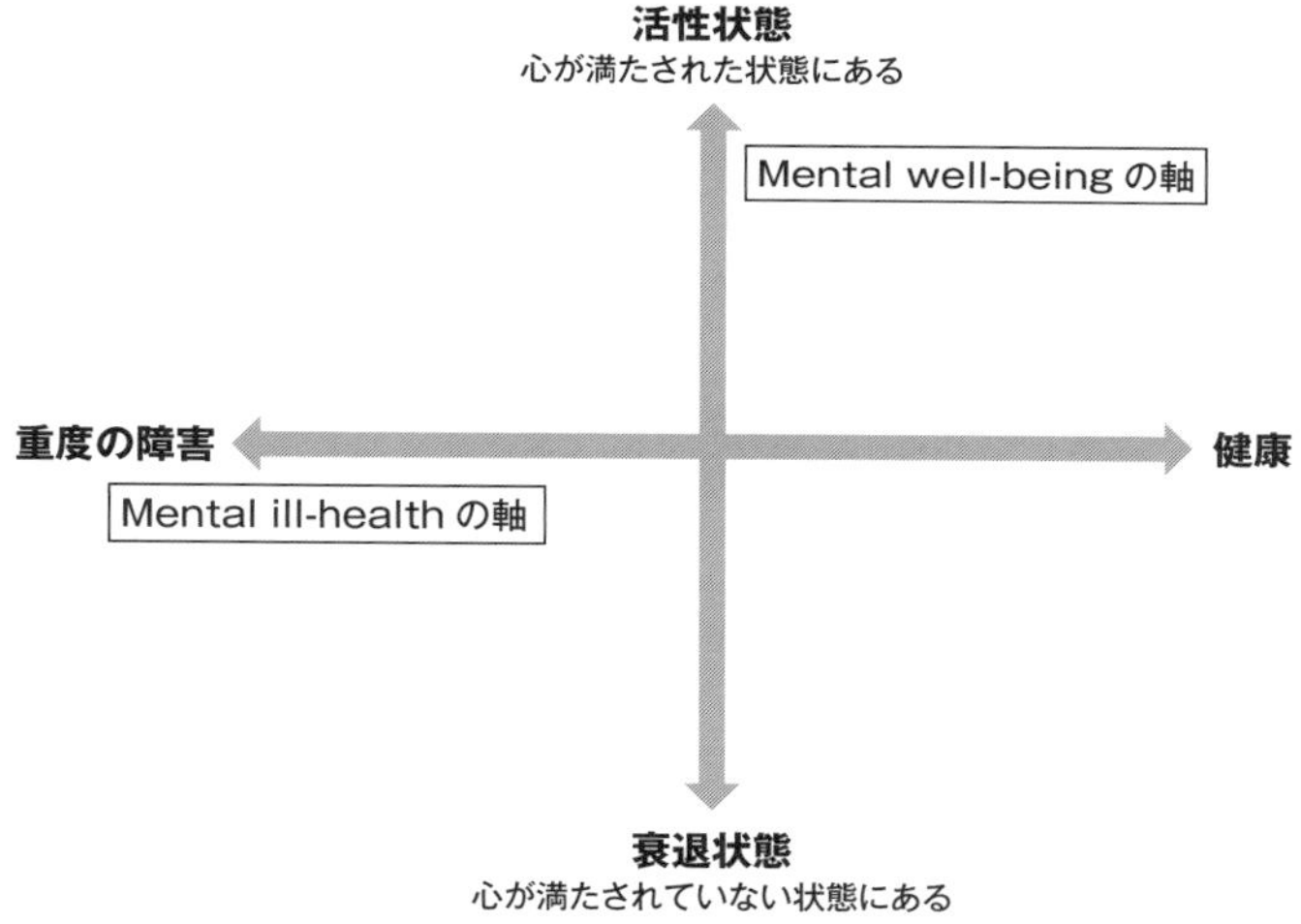

Purcell et al. 2022 を参考に作成

どしょんぼりした状態です。

　その人にとって、というのが大事で、人によっては他人から「幸せそうな状態だね」と言われても、自分では「そんなことないなぁ」と感じたり、その逆もあります。いいものをもっているとか、よさそうなことをしている、とかでなくて、その人にとってよい心の状態・状況にあるということです。Having や Doing ではなく Being です。最近では、精神疾患を含めたメンタルヘルス不調・障害の有無や程度にかかわらず、その人がその人らしく生きられる社会（縦軸）を創ろうということが言われ始めています。

　本書でも、メンタルヘルスという言

葉を、不調か／そうでないか、心が満たされているか／そうでないかという二項対立的に捉えるのではなく、図のように連続したグラデーションとして捉えた使い方をすることとします。

大切なのは「強さ」ではなく「レジリエンス」

「メンタル」という言葉に対する捉え方は、人によって、また環境によっても異なっているように見えます。スポーツ界においては、その多くは、強化のため、勝つためのメンタルでしょう。図3には、メンタルヘルスケアと強化のための2つの種類のメンタル、そして、その関係を示しています。

メンタルヘルスケアを土台に、その上に、強化のためのメンタルの付加的な要素が乗っている二層構造です。現在のスポーツ界によくあるような強化のためのメンタルのみに注力するというのは、例えば家を建てるときに、目に見える部分だけを豪華絢爛なつくりにするのと同じです。軟弱な地盤の上に、家を建てても何かあればすぐに崩れてしまいます。家を建てるときには、杭を打ったりコンクリートを流したり、基礎工事をしっかり行って土台をしっかり固めますよね。これがメンタルヘルスケアにあたる部分です。これまでスポーツ界では特

図３：メンタルの関係性

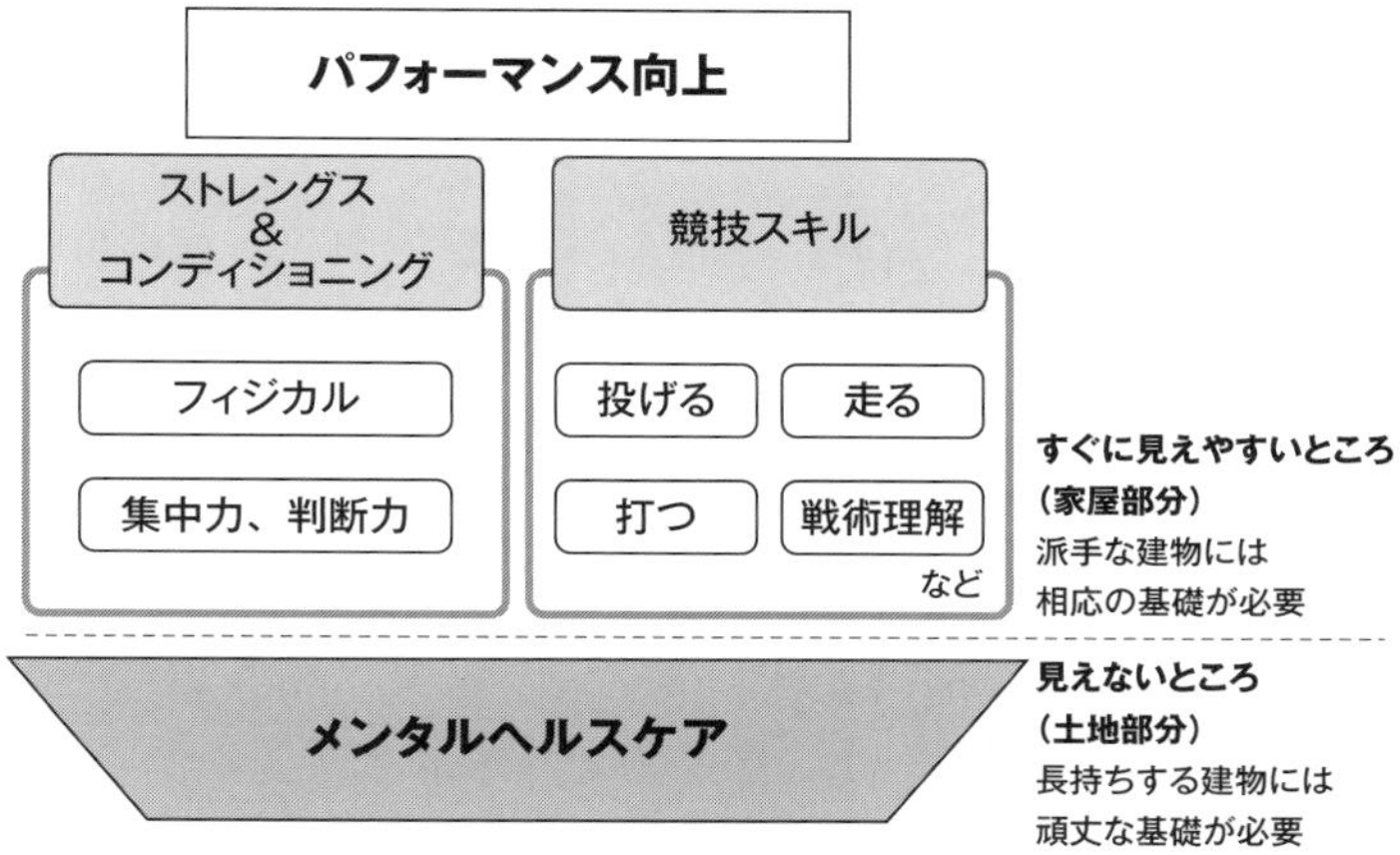

に、このメンタルヘルスケア、つまり、メンタルヘルス不調や障害の予防、そして回復の視点が欠けていました。

日本スポーツ心理学会が認定しているスポーツメンタルトレーニング指導士[24]という資格があります。資格取得のために必要な研修には、メンタルヘルスケアについても体系的なカリキュラムとして含まれています。このメンタルトレーニング指導士の認定資格をもつ方が増えてきています。スポーツ界で、メンタルヘルスケアと強化のためのトレーニングの両方をバランスよく提供されること、また、そのような経験知をもつ方の活躍の場が拡大されることを望んでいます。

さて、そもそもメンタルが「強い」と

は、どういうことなのでしょうか。これも人によってイメージが異なります。みなさんは**「レジリエンス（Resilience）」**という言葉をご存知でしょうか。変形されたものが元の形に戻る復元力とか弾力性という意味で使われます。小さいころに厳しい環境で育ちながらも、健全な大人になった人を英語では「レジリエント」と表現することもあります。強さとレジリエンスには、大いに関係があると言えるでしょう。

このレジリエンスは、小塩《おしお》真司《あつし》先生・平野《ひらの》真理《まり》先生・上野《うえの》雄己《ゆうき》先生の編書『レジリエンスの心理学：社会をよりよく生きるために』[25]によると、回復・抵抗・再構成という3つに分類されます。

風に吹かれている木を想像してみてください。回復というのは強い風に吹かれても、その木が元の状態に戻ることで、しなやかな竹をイメージされてもいいでしょう。抵抗はどんなに強い風でも太い幹が全く揺らがない状態です。そして、再構成は強風によって地上に出ている一部が折れてしまっても、そこから新たな枝を伸ばしてきれいな花を咲かせることにたとえられます。折れた後に花を咲かせる木に強さを感じます。新しい形になって成長するともいえます。現在のスポーツ界で求められている強さ（あるいは、レジリエンスという言葉が使われていたとしても）は、「抵抗」にあたることが多いのではないでしょうか。どのような状況であっても決して揺らぐことなく、顔色一つ変えず、口にもせず、悩みや不安なんて存在せず耐え続ける人間です。

一方、私がメンタルヘルスケアの考え方をスポーツ界に取り入れ、大切にしたい形は**「再構成」**です。これまでの自分が想像していなかった困難な状況に陥ったとしても、そこで何かしらの失敗をしたとしても、それを種として新しいものを生み出す。その経験を強みとして新しい形で生かすことができる人生はとても強いと思います。レジリエンスについてさらに詳細を知りたい方は、小塩先生らのご著書を参照されてください。

メンタルヘルスケアに対する世界の動き

58ページで欧米諸国やオーストラリアの研究者により、アスリートのメンタルヘルスの実態調査が行われ、その知見が蓄積されていると述べました。ＩＯＣ（国際オリンピック委員会）は、国際スポーツ機関の一つとして、アスリートのメンタルヘルスの重要性を認識しており、２０１９年に声明[1]を出しました。

この声明で示されたメッセージで重要だと感じているのが、この2つです。一つはメンタルヘルス課題について、個人の問題・責任にするのではなく、**周囲のスタッフや組織・団体の全体で考えるべきこと**だと述べています。現状では、スポーツ界を含め、社会全体として、メンタルヘルス上の課題は、その状態を抱える個人に責任があるとすると考える傾向があります。

もう一つは、**教育と医療と研究の推進が必要**だと打ち出したことです。現状ではフィジカルヘルス、つまり身体の健康度やコンディショニングについては教育や研究が重ねられ、ケアの体制がかなり整ってきています。この点で、メンタルヘルスケアはこのフィジカルヘルスのケアとはかなり開きがあるのが現状です。メンタルヘルスに対する意識や実際のケアの優先度をフィジカルヘルスと同じ程度に高めるべきだと述べています。具体的には、教育等を通じてメンタルヘルスリテラシーを高めることが求められています。また、このスポーツ領域でのメンタルヘルスの専門家を増やすこと、人材育成の課題にも言及されています。さらには、小さな実態調査であっても、個々の現場での取り組みであっても、きちんとデータを蓄積し、データを用いて分析し、知見として公表することが挙げられています。今後、この2つの方針はグローバルスタンダード化していくことでしょう。

スポーツ現場では、メンタルヘルスリテラシーの向上が重要な課題となっていきます。メンタルヘルスリテラシーとは、メンタルヘルス向上、精神疾患を含めたメンタルヘルス不調・障害の予防や早期発見と対処、回復のそれぞれの土台として必須の知識やスキル[26,27]と言われています。カナダのスタン・クッチャー（Stan Kutcher）博士により、ヘルスリテラシーの定義（「健康を高め、維持するのに必要な情報にアクセスし、情報を活用するための、個人の意欲や能力を決定する認知・社会的スキル」）に沿って、その概念が整理されました。

メンタルヘルスに関する知識不足は、不調・障害の早期発見や支援の障壁であると考えられてきました。不調に早めに気がついて、適切なセルフケアや支援を受けられるようにすることは国内外での共通する課題です。この課題解決のために、メンタルヘルスリテラシーを高めるための取り組みが行われています。思春期の若者が一日の多くの時間を過ごす場である学校を中心にメンタルヘルスリテラシー教育が展開[28–31]されています。メンタルヘルスリテラシー教育を受講した児童・生徒は、メンタルヘルスとそのケアに関する知識が向上し、自身が不調のときに助けを求めようとする気持ち、他者が不調のときに手を差し伸べようとする気持ちが高まることが報告[29–32]されています。メンタルヘルスリテラシーを十分に身につけた学校教員が児童・生徒にメンタルヘルス教育を行うことで、より健康な学校環境が築かれるとも言われています。教員のメンタルヘルスに関する理解が深まることで、生徒のメンタルヘルス向上や不調の予防・早期発見・回復をサポートする環境づくりにつながります[32]。日本の学校教育でも、2022年度からこのメンタルヘルスリテラシー教育が開始されています[29–33]。

同様のアプローチを用いてスポーツ界での展開が期待されるのが、2021年に発行された「**IOCエリートアスリート用メンタルヘルスツールキット**」（IOC Mental Health in Elite

Athletes Toolkit)」[34]です。これはアスリートのメンタルヘルスケアのために、アスリートや周囲のスタッフ、アスリートの所属するスポーツ組織（協会等）が具体的にどう取り組めばよいかをまとめたものです。メンタルヘルスについて何を知っておくべきか、必要なメンタルヘルスリテラシーの国際標準が説明されています。スポーツ界におけるメンタルヘルスリテラシーの教科書といった位置づけと言えるでしょう。

さらに２０２３年にはＩＯＣメンタルヘルス行動計画（IOC Mental Health Action Plan）という、スポーツ界におけるメンタルヘルスケアに関する共通目標[35]が発表されました。ここには「スポーツ競技団体やクラブがメンタルヘルスとフィジカルヘルスに対し、同等の優先順位を持って取り組むこと」など、２０２６年までに実施すべきアクションが示されています。ここでは詳しく紹介しませんが、巻末にＵＲＬ[36]を掲載していますので、関心のある方はぜひご覧ください。

世界に後れをとる日本の現状

スポーツ界のメンタルヘルスについては国際的に研究や啓発が進み始めていますが、日本の現状は残念ながら後れています。２０１９年のＩＯＣの声明文書は1万４６８９本の論文による知見に基づいて発表されたのですが、残念ながらその声明文書に日本の調査や論文の知見は引用されていませんでした。国際スポーツのメンタルヘルスの議論の俎上に載ることができていないと言えます。そのため、これらをもとに指針や提案がなされたとしても、日本の実態が反映されていないので、そのまま当てはめていいのかという疑問が残ります。これはかなり深刻な状況でしょう。

私は、メルボルン大学のスポーツメンタルヘルスに取り組む研究室にも籍を置いており、国際共同研究をしています。メンタルヘルス先進国であるオーストラリアで生活と研究をした中での実体験として日本はこのスポーツメンタルヘルス分野での大きな遅れを感じる出来事がありました。それはメディアから取材を受けたときのことでした。

ある海外メディアから取材をされたときには、アスリートのメンタルヘルス不調・障害について既に「当たり前にあることですよね」という共通認識があった上で、「ではどうしたらいいのか。日本の状況を教えてください」という聞かれ方をしました。記者さんが論文などの資料を読み慣れていて、事前に読んだ上で、論文で公開されている知見についてより詳細な疑問を私に投げかけてくださいました。また、そもそも、20年以上も前からメンタルヘルス教育が広く展開されてきたオーストラリア全体が、一般的にメンタルヘルスに対する理解度、メンタルヘルスリテラシーが高いことも関係していたかもしれません。

一方で、日本のメディアからは「メンタルヘルス不調をきたした選手は特別な人ですか」という、ある種の決めつけで質問されることが度々ありました（現在ではそういうことは少なくなっています）。もちろん、丁寧に下調べをして質問してくださる記者さんもいらっしゃいますが限られている印象です。私は、日本のメディアに向けては「競技成績は素晴らしいですが、アスリートも一人の人間です。メンタルヘルスの課題は特別な一人の問題ではなく、決してその人だけの責任というわけでもなく、スポーツ界全体で考えるべき課題です」という話をしています。私のひとつの体験にすぎませんが、メディアのみなさんとのやりとりを通じて、他国と日本のメンタルヘルスに対する認識の違いと課題が浮き彫りになったように感じています。

注意したいのは、日本のスポーツ現場でアスリートへのメンタルヘルスケアが全く行われてないかというと、そうではないことです。前述した日本スポーツ心理学会によるスポーツメンタルトレーニング指導士の活躍、また、より精神科臨床に特化した日本スポーツ精神医学会もあります。そのほかにも、多様な個別事例や臨床報告もあり、よい取り組みは確実に存在しています。ただ、それらが国際議論の資料になる国際学術誌で報告されてこなかった。アスリート等の集団として、どのくらい不調の選手がいたのか、いるのかの実態調査や、ケアの効果検証のような研究知見が共有されていませんでした。このような課題により、スポーツ界全体で共有できる知識やノウハウとして確立できず、国際議論からの後れにつながってしまったと考えています。

スポーツ現場が抱える問題意識

そういった状況の中で、私が日本スポーツ界のメンタルヘルス研究に着手したのは２０１８年のことでした。そのきっかけのエピソードをここで共有したいと思います。

私は、最初からスポーツ界のメンタルヘルスを専門に研究をしていたわけではありません。元々は、思春期の若者のメンタルヘルス、特に学校でのメンタルヘルス教育を専門に、健康教育プログラムの作成に携わっていました。

２０２２年度から高校の保健体育に「精神疾患の予防と回復」が追加されるなど、メンタルヘルスの内容について充実が図られています。学校教育に詳しい方はご存知かもしれませんが、高校保健体育の学習指導要領に精神疾患の文言が追加になったことで、全国の高校生が精神疾患について学ぶ機会を得ています。日本社会全体で、メンタルヘルスリテラシー向上のための大きな前進となる動きです。高校の教育課程に組み込む過程とそのための教材作りに私も携わらせていただいたのですが、その研究活動を通じて、桐生第一高校で保健体育を教える霜村誠一《しもむらせいいち》先生との大きな出会いがありました。

霜村先生は元ラグビー選手で、現・埼玉・パナソニックワイルドナイツという強豪チームのキャプテンも務め、ご自身も日本代表を経験された、まさにトップアスリートです。その霜村先生と高校保健体育での「精神疾患の予防と回復」を扱う教材づくりをしていました（開発した教材は「こころの健康教室サニタ」というwebサイトで公開されています）。霜村先生との交流・意見交換を深めるなかで、ある日、霜村先生が「アスリートのメンタルヘルスも、高校生や保護者、学校教員と同じように大変な課題です。メンタルヘルスの課題を抱えているけど、それを言い出しにくい。**アスリートのメンタルヘルスは、日本ではほとんど注目されていないですね**」と話してくれました。

食事の席でしたが、私は（研究者らしく？）その場でパソコンを広げて論文検索をしてみました。先に述べたように、この分野の研究論文は、欧米諸国やオーストラリアからの数々の知見が出ていましたが、日本からの知見はありませんでした。課題があることをアスリートやその周辺の人々は自分たちの経験として認識してはいるけれど、その実態はまだ客観的に報告されておらず、その要因も明らかになっていませんでした。実態調査がなされていないため、体系的なケアやシステムがない。専門家もほとんどいない状況なんだと察しがつきました。

霜村先生はご自身や周囲のアスリートの話として**「メンタルヘルスの不調なんて知られたら、アスリートとして終わりだと感じてしまう。誰にも相談できない。相談する人は弱い人間だと思われてしまうかもしれない。一人で耐えるほかない」**と話してくださいました。アスリートがメンタルヘルスの不調をきたしたらどうしようもない、アスリートとしてもうやっていけないという苦しい状況。さらに本人だけでなく、周りの人もなんとなくいつもと違うなと感じても、どう声をかけていいのかわからなくて、見て見ぬふりするしかないという周囲の環境についても教えてくださいました。

アスリートがもつ、子どもや周囲の大人に対する影響力の大きさから、メンタルヘルス課題に対してスポーツ界がどのような姿勢を示すのかは、社会全体でのメンタルヘルスへの認識を大きく左右するように感じました。霜村先生と話して、その数日後には、ラグビー選手会のみなさんとの出会いが実現しました。私の中で、スポーツ界のメンタルヘルスについて課題意識が芽生えてすぐに大きくなりました。ラグビー選手会のみなさんが、私を訪ねてくださり、実際に調査を進めることになりました。

日本のラグビー選手を調査したら……

この動きに引き続き、2019年には日本ラグビーフットボール選手会とともに「よわいはつよいプロジェクト」を立ち上げました。アスリートのメンタルヘルス研究の知見や経験にもとづいて、アスリート自身の言葉で情報発信をする、アスリートによるメンタルヘルス啓発のプロジェクトです。私が専門とする健康教育は、単に個人の行動を変える教育に留まらず、幅広いアプローチを取り入れます。これには組織の取り組み、政策指導、環境の改善、マスメディアの利用、地域コミュニティでのプログラムなどが含まれます。個人とその社会環境の間で相互作用する点を特定して、そこに介入することで健康促進の行動を引き出せるのではと考えます。個人の行動は社会的環境に影響を受けるため、この相互関係を理解し、効果的に活用することが大事なのです。

アスリートは、子ども、若者、周囲の大人に影響を与えられる存在です。アスリートが学び、メンタルヘルスを自分ごとにして発信をしたり学校に出向いて一緒に学べるようになると、社会全体が変わってくる気がしています。そのためにしかけをしているプロジェクトです。

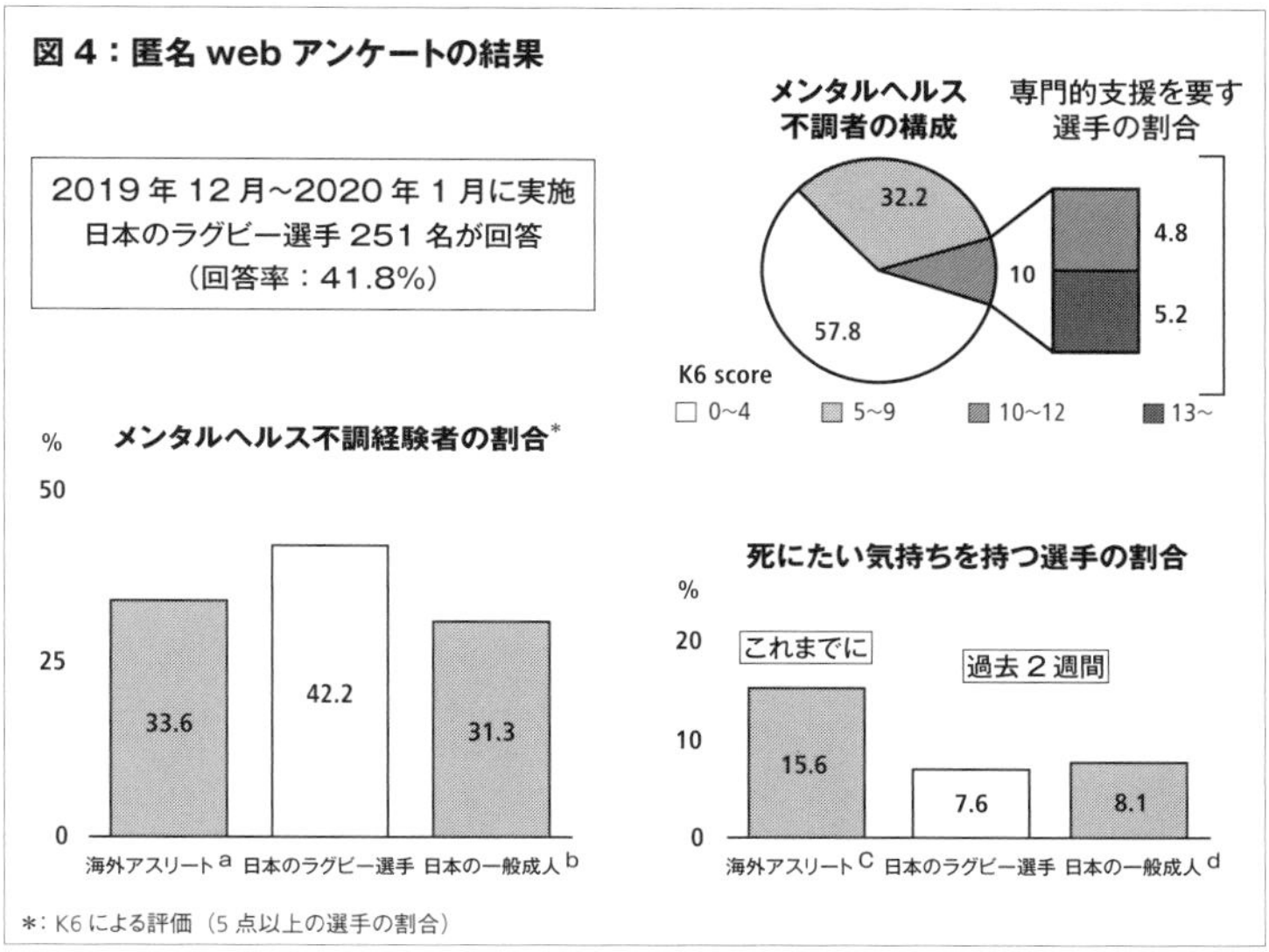

図4：匿名webアンケートの結果

a:Gouttebarge et al.2019(37), b:Sakurai et al.2011(38), c:Timpka et al.2021(39),d:Aiba et al.2011(40)

まずは日本のスポーツ界におけるメンタルヘルス実態を把握しなければなりません。ラグビー選手会に協力していただき、２０１９年12月～２０２０年１月にかけてウェブアンケートを行いました。６００人の選手会員のうち２５１名から返ってきた回答を分析しました（図４）。

すると、直近の１か月において**42・2パーセントの人が不調を経験している**ことがわかりました。この割合は一般の人や海外のアスリートと比べると少し高いものです。日本のラグビー選手においてもメンタルヘルス不調はありふれた問題だということがはっきりしました。さらに詳しく見ると、その

42・2パーセントのうち、**10パーセントが専門家のケアを要する状態**でした。残りの32・2パーセントは心理的ストレス状態。7・6パーセントの選手が希死念慮（「死にたい」と考えている）という結果でした。

さらに、この調査では、選手たちに最近あったライフイベントや生活習慣についても聞いています。すると、メンタルヘルス不調の選手はそうでない選手と比べ、疲労や食欲・睡眠の変化がある、または競技力の低下や引退後の生活を考えるといった項目で割合が高いことがわかりました。因果関係があるとは断定できませんが、不調を抱えている選手がいま困っていて知りたいこと、サポートするときの参考にできそうな傾向は見えてきました。これらの知見は、それまでに発表されていた海外での知見と同じ傾向を示す[41]ものでした。

環境を変えれば、メンタルヘルスが向上する

日本で初めてトップカテゴリーのアスリートのメンタルヘルス実態を国際学術誌で報告した論文として、またこの課題の当事者であるアスリートが主体的に参加して得られた調査結果は大きな反響を呼びました。２０２１年6月に記者発表を行った直後から取材依頼を数多くいただきました。さらにラグビー日本代表の堀江《ほりえ》翔太《しょうた》選手がメンタルヘルスの不調[42]とその

経験について、SNSを通じて、ご自身の言葉で語り発信してくれたことで、さらに大きな反響がありました。ファンやスポーツ関係者が、タブー視されたメンタルヘルスについて、その重要性を真剣に感じ、考えるきっかけとなったと思います。

その調査の1年後、ちょうど新型コロナウイルスで世界が激変したなかでも調査を行いました。すると興味深い結果が得られました。

それは調査対象となったラグビー選手でのメンタルヘルス不調者の割合が前年度のコロナ前よりも減っていたことです。世間一般では新しい生活様式を求められたり、経済的にも不安が募るような時期でしたので意外な気もします。

この結果について選手と意見交換をしてみると貴重な発見がありました。ラグビー選手のなかには社員兼選手として、朝に練習して昼間は仕事、さらに夜も練習して、週末に試合をするという方がいます。そういった超多忙な休む暇のないスケジュールで動いていた選手が、在宅勤務に移行したことで使える時間が増えた、身体を休ませる時間が増えたという回答があったのです。**休養も含めた環境の変化によって、メンタルヘルス不調が改善されるケースがある**ということがわかるよい例[43]でした。

学校に通いながら、スポーツに取り組む（塾など、さらにほかの習いごとに取り組んでいる場合もあるでしょう）子どもも超多忙な毎日を過ごしています。そのことを考えると、示唆的な結果とも言えます。

トップアスリートでもメンタルヘルス不調を経験しうる。それは周囲の環境との関連もありそうだという知見を共有しましたが、これらメンタルヘルス課題とその要因は、心身の成長段階にあるジュニアアスリートにとっても同様です。

例えば、指導者や保護者といった周囲の大人のメンタルヘルスの理解、メンタルヘルスリテラシーを十分に備えているかどうかという点です。身体の怪我（フィジカルヘルス）については理解が進んできており、医師やトレーナーなどのサポートも受けやすくなっているでしょう。部活動やクラブチームのなかでも、怪我から復帰へのマニュアルが用意されているなど、ほとんどの監督は身体の怪我があれば「しっかり休め」と言ってくれるはずです。

しかし、メンタルヘルスの不調ではどうでしょうか。「最近、練習前に必ず吐き気がするんです」と相談しても「そんなのは気持ちの問題。いいから、とりあえず走ってこい」と片づけられてしまうことも少なくないのではないでしょうか。家庭でも「今日は部活を休みたい」という子どもの言葉に「具合が悪いのでなければ頑張って行きなさい」と理由を詳しく聞かずに送り出してしまうことや、「次の試合でもスタメンになれるように頑張るんだよ」ともはや子どもが自身の不調を言葉にしたり、適度な休養をとることができないような状況に知らず知らずのうちに置いてしまっていることも少なくないでしょう。

こういった状況は、指導者や保護者だけに非があるわけではありません。メンタルヘルスケアとは何か？　困ったときにはどうしたらいいのか？　これまで、大人世代がメンタルヘルスリテラシーを育むような教育機会に恵まれてこなかったこと、長い時間をかけてスポーツ界全体の環境として特有の価値観が築かれ固定されてしまったことにも大きな原因があるのではないかと考えています。適切な知識とそれを活用できる機会、旧来からの価値観に振り回されない客観的な視点があれば、私たちは子どものメンタルヘルスを土台から支える役割を担えるようになるはずです。

それは「競技力向上」や「勝利」をあきらめないと実現できないといったものでは決してなく、子どもが自分の力で成長することを見守り、観察し、寄り添い、必要なときに協力し、手を差し伸べることで、それぞれの子どもが本来の備えている力を発揮できるようにするためのものです。

続く第2章と第3章では、私の専門分野である健康教育学を基盤として、基本的な考え方と実生活での活用の仕方をご紹介します。

第２章

知っておきたい
メンタルケアの基本

メンタルヘルスの課題は誰にとっても自分ごと

第1章でも触れましたが、どんなに大舞台に立っているアスリートも、どんなに心身を鍛えてきたアスリートでもメンタルヘルスに不調をきたすことがあります。それは、想像以上に高い頻度で起きています。

身体の健康度合いにも、今日はちょっと調子が悪いけど仕事はできるなとか、専門家に診てもらったほうがよさそう、あるいは治療が必要なほどの不調で出社もできませんといったようにさまざまな程度があることは経験されていると思います。メンタルヘルス不調・障害の症状も同じように、多様な症状や程度があります。

メンタルヘルスは、日々のケアを促すために、絶対的な健康と絶対的な不健康のような二項対立ではなく連続的なイメージで考えることの大切さは前述したとおりです。図2（再掲）は第1章でも掲載したメンタルヘルスを縦軸と横軸で表したものです。右にいくほど健康な状態、左にいくほど重い障害の状態でした。メンタルヘルスの課題は、全ての人が図の中のどこかに当てはまり、つまり誰にとっても自分ごとです。

そのことを前提におきつつ、日本を含めた国際的な大規模調査を見てみると、**精神疾患の**

図２：メンタルヘルスの概念図

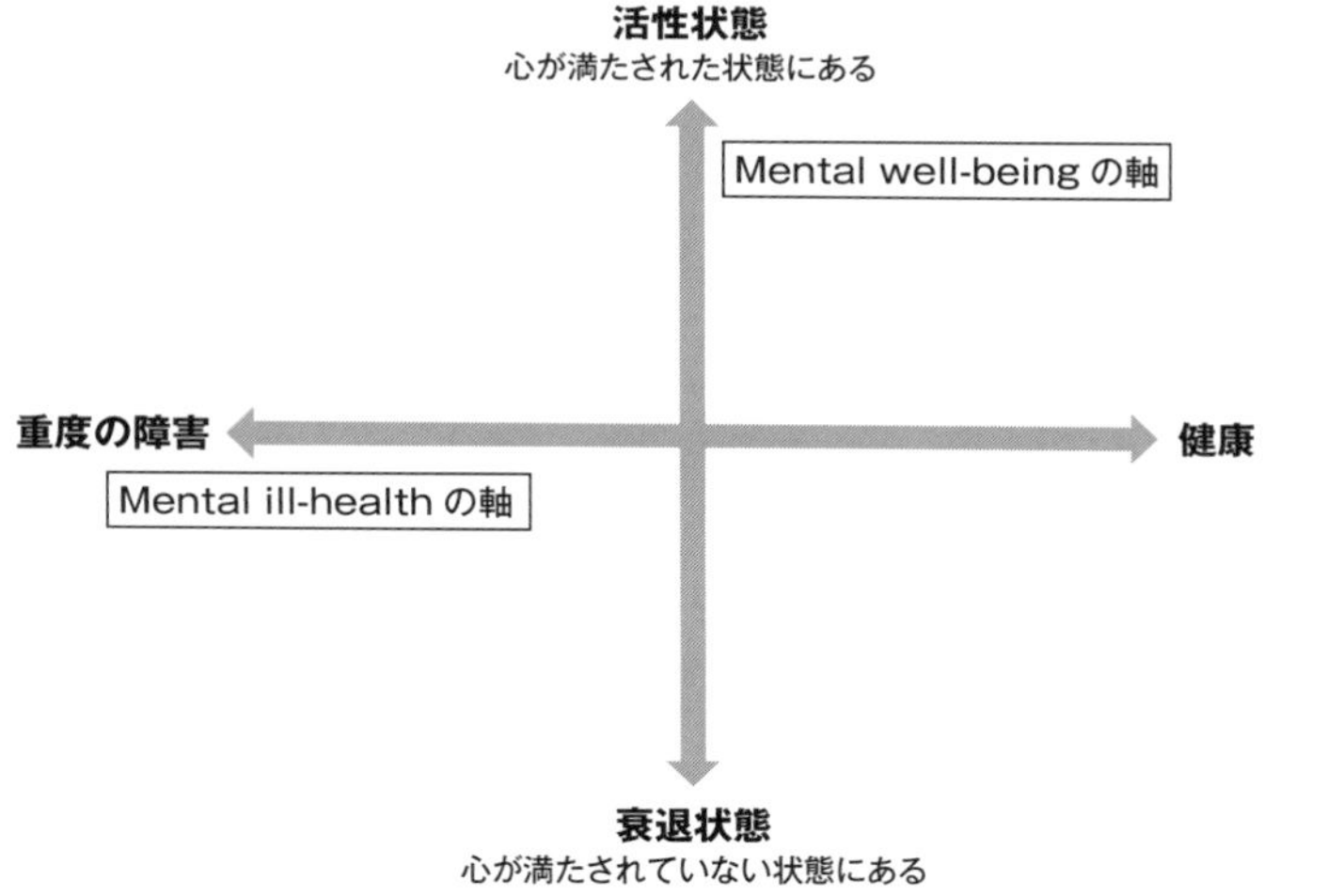

Purcell et al. 2022 を参考に作成

生涯有病率（一生のうちに何らかの精神疾患にかかる人の割合）は全人口の18～25パーセントに及ぶという知見が報告[1]されています。日本における生涯有病率は、22・7パーセントだとされています[2]。つまり、**4～5人に1人程度が何らかの精神疾患を経験する**ことを示しています。

この調査は、さまざまある精神疾患の中でうつ病などの気分障害とパニック障害などの不安症、アルコールなどの物質関連障害を対象とした調査で、すべての精神疾患を網羅したものではありませんでした（統合失調症、摂食障害、認知症などは含まれていないものです）。それにもかかわらず、4～

5人に1人であったということは、精神疾患全体であれば、さらに高頻度に発生するはずです。当然、自分が精神疾患の診断基準を満たすような状態を経験する可能性がありますし、自分が経験しなかったとしても、家族や友人・大切な人が経験する場合もあります。また、診断基準に満たない状態、いわゆるうつとか不安といったメンタルヘルス不調を含めて考えてみるとどうでしょうか。すべての人が一生のうちで何らかの形でメンタルヘルス課題に関わると言っても全く過言ではありません。「メンタルヘルスを自分ごとに」です。

さて、講演などで、よく質問をいただくのが図2の左上、重度の不調・障害の状態にあって、それなのに心が満たされた状態、そんなことがあるのかということです。答えとしては、ありえます。これは、身体の病気で考えてみるとイメージしやすいでしょう。

例えば癌のように長い期間治療を必要とする病を抱えて、療養中であっても調子のよい日が当然あります。精神疾患においても基本的には慢性的な経過をとる中で、診断がつき、専門的治療を受けながら回復に向けた治療経過で、調子がよいこともあれば、悪いこともあります。「今日、バーベキューをして楽しかったな」「仲間とお茶をして心が温かくなったな」という気分はもちろんありますし、家族や友達、地域の人とのつながりを感じるときには、メンタルウェルビーイングが高い状態だと言えるでしょう。精神疾患の有無や程度にかかわらず、その人がその人らしく生きられる社会を創ることは可能です。

「メンタルヘルス不調・障害に陥りやすい人」はいるのか?

「メンタルヘルス不調に陥りやすい人ってどんな人でしょうか?」という質問をいただくことがあります。実はどのような人がメンタルヘルス不調・障害、精神疾患になりやすいのかについて、一概には言えません。つまり、単一の要因は明らかになっていないということです。現状では、さまざまな要因が絡み合って不調が起きると考えられています。

メンタルヘルス不調・障害をきたすさまざまな要因が存在する中で、それらの数多ある要因を理解しやすくするため、大きく三つに分けて説明をします。**「生物―心理―社会モデル」**というものです。要因を生物的要因、心理的要因、社会的要因の3つから捉えるモデルです。

①生物的要因

事故で頭を打ったり、アルコールの飲みすぎなどにより物理的に脳が損傷され、機能不良・不全に陥ったことによるもの。遺伝や体質もここに含まれます。

②心理的要因

トラブルが起こったときにそれをどのように捉えるか、認知するか、個々人による物事の

図５：生物―心理―社会モデル

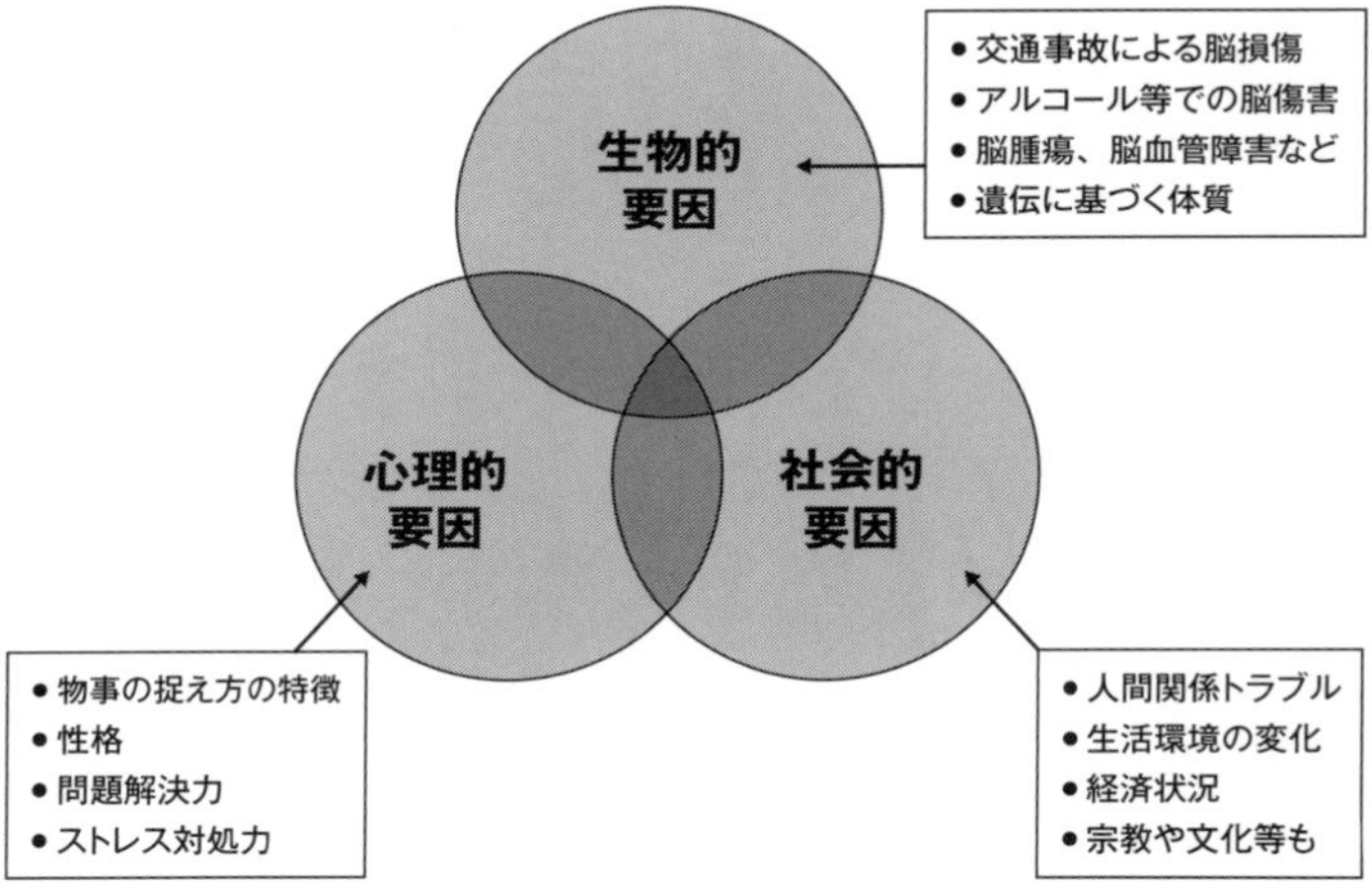

出典：（公財）日本学校保健会「精神疾患に関する指導参考資料」

捉え方や性格の違い、認知の仕方の特徴・クセといったものです。

③社会的要因

家族背景、経済状況や宗教・文化などがこれにあたり、生活習慣・人間関係・生活環境といったものが含まれます。

それぞれの相互作用の結果、悪い状態を招いて、不調・障害に至る可能性が生じます。例えば、生まれつきにある体質をもっていると、必ず発症するということはありませんし、それぞれの要因のうち、リスクの高い特徴は存在しますが、単一の要因のみで発症が決まるということはありません。

蓄積するストレスの臨界点

「ストレス」という言葉が日常的に使われて久しくなりました。不調の予防には、本格的な症状や障害の手前、心理的なストレス状態を理解することが大事です。ストレスは誰にでもあるものです。よいストレス刺激、悪いストレス刺激、どちらも脳にとっては同じ刺激であって、よいとか悪いというのは本人の解釈によるものとも言えます。

使い慣れたストレスという言葉ですが、注目したいのはストレスのあり／なしや、よい／悪いではなく、積み重ねです。

脆弱性ストレスモデル[3]と呼ばれる昔から提唱されている理論があります。図6の網かけ部分が日常生活で感じるストレス、思いがけず突然にやってくるストレスが斜線で示された棒グラフです。

日常生活で感じるストレスは、毎日緩やかにあるストレスで、例えば、通勤とか人間関係などです。思いがけず突然にやってくるストレスは、怪我とか失恋とか、家族の不幸などです。この**二つのストレスを合わせて、点線の許容量の限界を超えると不調が起きる**という考え方です。

図6：脆弱性ストレスモデル

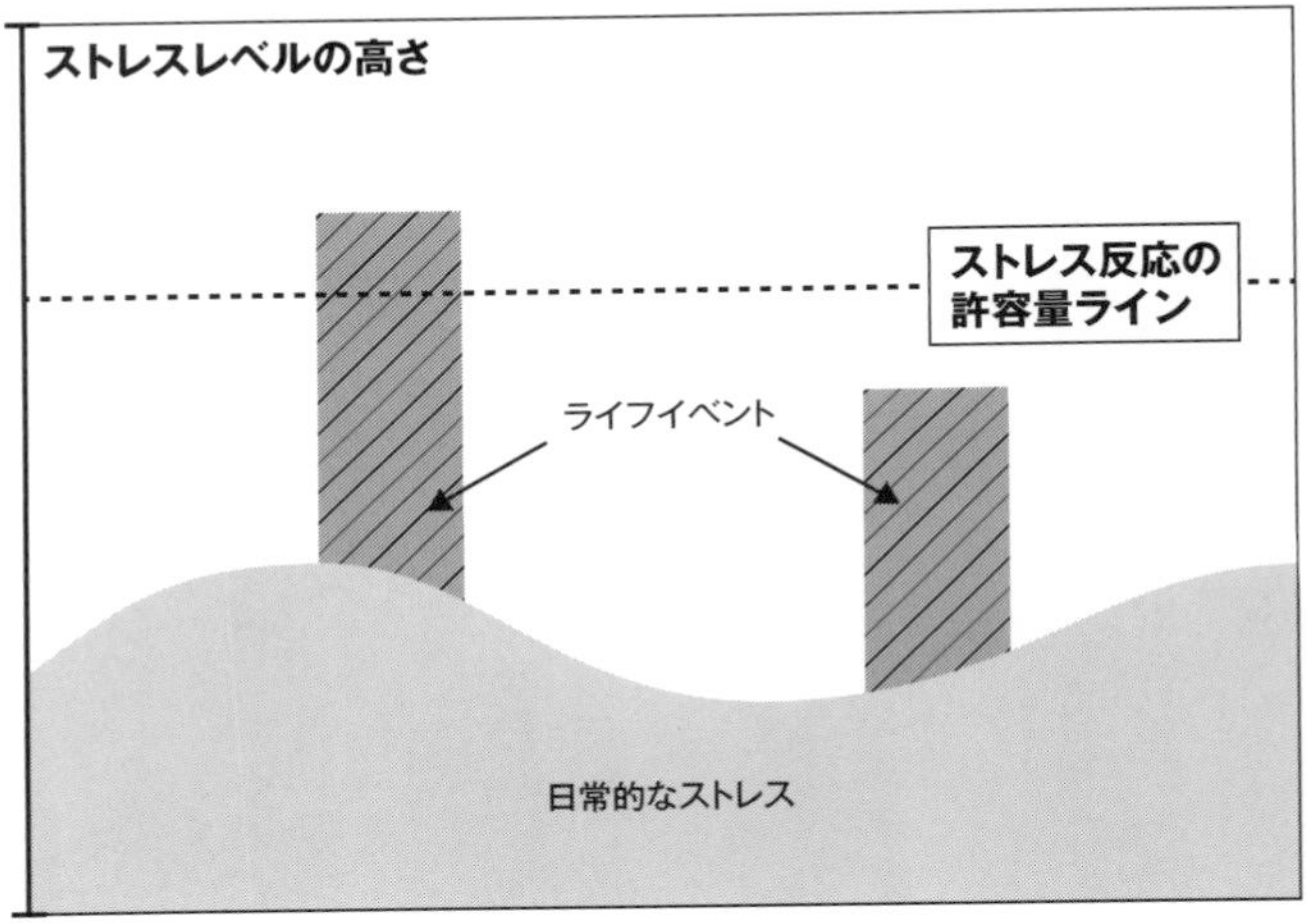

許容量の限界は、一人ひとりで異なり、それも常に一定ではなく、年齢や状態などによって変わることは知っておかなくてはいけません。だからといって不調を予防できない人がいるというわけではなく、日常生活で感じるストレスや思いがけないストレスに適切に対処することで、この許容量の限界を超えないようにすることが大切です。ストレスは日常的にかかり、突然にやってくるものもある。早めに気づいて、早めに対応することが何よりの対処です。

空気の入った弾力のあるボールを想像してみてください（図7）。丸い形をしたボールがその人にとっての安定

図7：ストレスと反応のイメージ

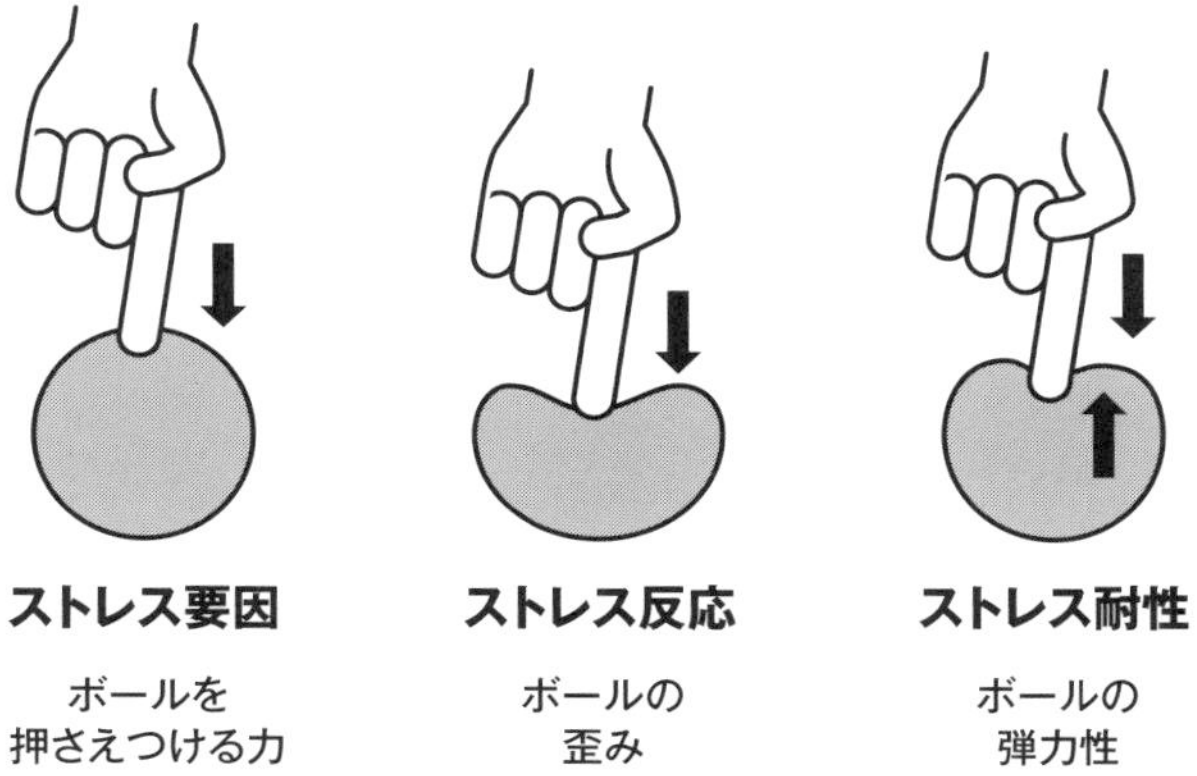

こころの耳　働く人のメンタルヘルス・ポータルサイト（https://kokoro.mhlw.go.jp/）を改変

した状態で、そこにストレスがかかると、ボールが歪んで、元に戻そうとする力が働きます。このボールを指で押すとへこみます。ストレスがかかった状態です。すぐに指を離せばボールの形は自然に戻ります。普段は、ストレス耐性があっても、自分の力で乗り越えられると言えます。

　しかし、強いストレスがかかり、ボールに過剰に力がかかった状態だとどうでしょうか。あるいは、それほど強くなくても嫌なストレスがずっとかかっている状態だとボールはどうなるでしょうか。空気が抜けて弾力がなくなってへこんだままの状態になってしまうかもしれません。

体でも心でも、その人にとって安定の状態というのがあって、ストレスがかかったりしてそこからずれると、人間はそれを戻そうとする力を出します。それがとても大きかったり、慢性的なストレスがかかると、形が凹んで、なかなか安定の状態に戻れません。だんだん疲れが溜まって、戻るための力が出せなくなってしまいます。ボールの形も歪んだまま固まって戻らなくなってしまうかもしれません。早めに気づいて、早めに対応したいものです。

思春期はなぜ不安定なのか？

子どものために大人が知っておくべきことの一つとして、精神疾患を含めメンタルヘルス不調・障害をきたしやすい時期は、思春期なのだ[4]ということです。先ほどご紹介した日本を含めた国際調査から得られた知見として、大人で精神疾患を抱える人の50パーセントが14歳までに、さらには75パーセントの人が24歳までに症状を経験したと報告[5]されています。

思春期は、著しい心身の発達を遂げるとともに、社会環境、脳機能に変化が現れる時期[6]です。子どもから大人になっていく過程です。その時期には、どんな行動をとるでしょうか。

一般的に、小学校高学年ぐらいになると、子どもはだんだんと親から離れ、保護者にべったりだったのから、同世代の仲間内を中心に別の社会をつくり始めます。その仲間の中では、大体のことは論理ではなく感情で物事が決まっていきます。そしてそれまでは家庭で耳にしてこなかった刺激的な考えや、いままでの自分の世界にはなかった行動を目にしています。後述しますが、実は目の前の欲求に任せた行動をとってしまいがちという、この年代の特性があります。そうすると仲間内での流行や意見が行動を左右し、飲酒、喫煙、危険行動、非行といった大人から見ればリスクの高い行動に流されやすくなっていきます。そんな衝動的な行動をとる傾向があるのが思春期です。

　こういった衝動性は実は脳機能の発達と深い関係があります。思春期ならではの言動の要因となっているのが**古い脳と新しい脳の成熟度合いのズレ**だと言われています。図8のように人間の脳には感情を司る大脳辺縁系という部分と、それを包むように知的活動を司る大脳皮質という部分があります。進化の過程から前者が古い脳、後者が新しい脳と言われているのですが、思春期に性ホルモンが分泌しだすと、まず大脳辺縁系、いわゆる古い脳が反応します。ここは動物固有の喜怒哀楽を生み、活発になると情動性が高くなります。それを抑えて人間らしいふるまいをさせるのが大脳皮質の前頭前野（意思決定や感情のコントロール、物事の計画など、脳に入ってきた情報をまとめる役割）なのですが、ここは遅れて発達していきます。

図８：脳の部位と機能

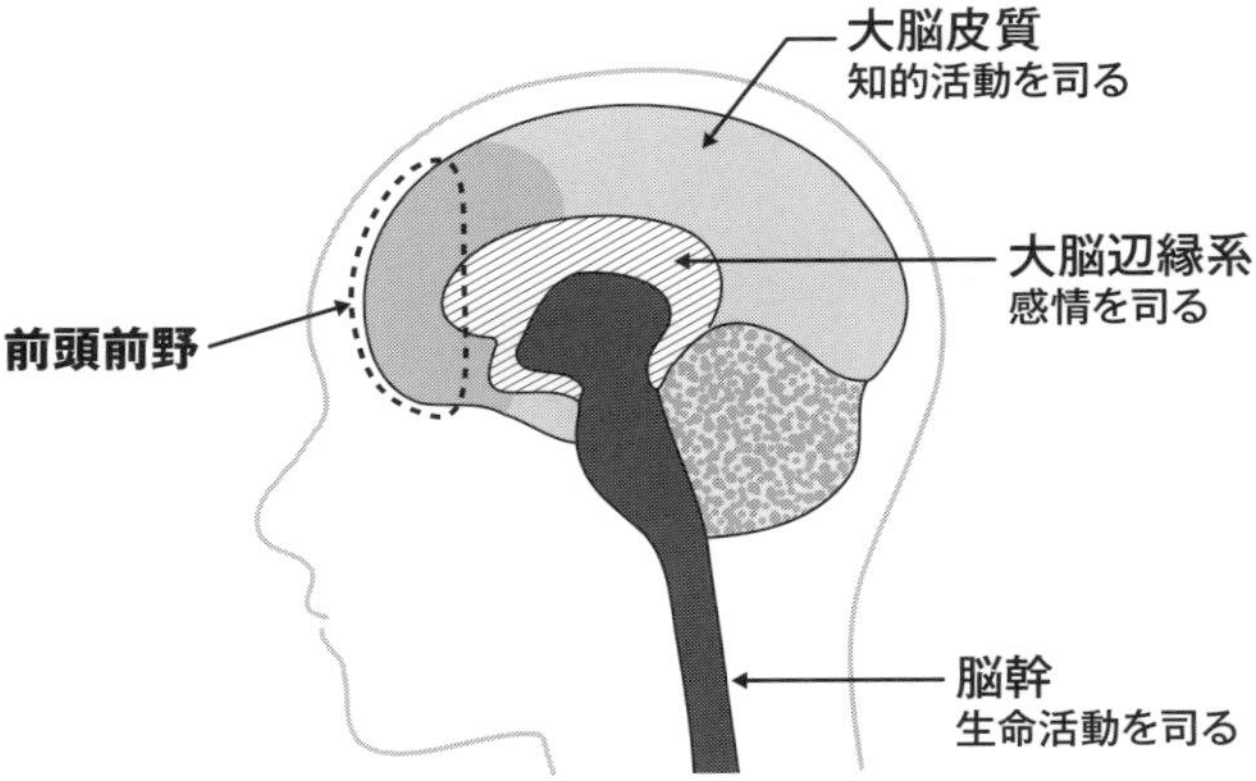

思春期の子どもの本能に任せた行動、衝動的な行動は、この2つの部位の成熟度合いのズレによって起きていることがわかってきています。

思春期は12～25歳

第二次性徴を迎えると性ホルモンの分泌が急増します。女性ホルモンのエストラジオール、男性ホルモンのテストステロンがそれまでより多く分泌され、生物学的な女性、男性の体に変わっていきます。これに反応し、大脳辺縁系の発達が始まり、情動や欲求が活発になります。この大脳辺縁系と大脳皮質の成熟度のアンバランスさが増大することにより、思春期の衝動的な行動を生じやすくしています。

思春期とは、一般的には小学校高学年から中学生の12歳から15歳ぐらいをイメージするでしょうか。脳機能の発達の観点から見ると、衝動性を抑制する前頭前野が成熟するには、平均的には25歳前後までかかります。

ですので、**学問として、思春期（Adolescence）を使う場合には、12〜25歳まで**と言われます。人によっては30歳ごろまで思春期の場合もあります。こういった脳機能の発達特性も相まって、思春期の心は不安定です。そして色々パターンがあります。容姿、外見へのコンプレックスは、客観的視点をもつことができるようになり、社会認知力が高まったことで「人からどうみられるか」を過度に意識してしまった状態です。飲酒、喫煙、危険行動、非行は、自分が知らない世界への好奇心の高まりです。いじめが増えるのも思春期です。過剰な仲間意識をもち、仲間でないと認識した人から距離をとるだけでなく、排除する、攻撃してしまうことがあります。

このような心理面の不安定さは、脳の発達過程で誰でも経験しうるものです。思春期のメンタルヘルス課題は本当に多様で、不登校、ゲーム依存、食行動の問題、いじめなどの他害問題、リストカットなどの自傷行為、不安症状、過敏や疑い深さなどを挙げることができます。

よく「二十歳を過ぎたらもう大人だ」と言いますし、２０２２年には成人年齢も18歳に引き下げられました。しかし、大学生は飲酒などで無茶な行動をとりがちですよね。それはまだ衝動性を抑える脳の機能の発達が不十分だからという背景もあります。実際、私が昨年まで在籍していたオーストラリアの研究所では若者のメンタルヘルスといえば25歳までとしていました。

余談ですが、私自身を振り返っても、ちょうど30歳で博士の学位をとったのですが、そのころまで衝動性が高く、しょっちゅう骨折をしていました。だから周囲の先生方には「思春期の研究をしている思春期の小塩くん」と言われていたのです。そういったジョークが通用するほど、この学問分野では思春期を広くとって考えるのが常識となっているのです。ちなみに、34歳のころには骨折では飽き足らずアキレス腱を断裂しました。もしかするとまだまだ脳の成熟途中なのかもしれません。

見極めのポイントは「持続性」

部活動や競技生活の真っ盛りの時期は、まさに思春期真っ只中です。この期間に、ストレスが増大し、そこで上手く対応できずメンタルヘルス不調・障害をきたす可能性は大いにあるでしょう。メンタルヘルスもフィジカルヘルスと同じように早めに対処することが大切ですが、現実は違っています。フィジカルヘルス、つまり身体の怪我は傷やあざとして、目に見える形で表れることがほとんどですが、メンタルヘルス、つまり心の怪我は見えにくくわかりづらいので対処が遅れてしまいがちです。

では、メンタルヘルスの不調に苦しんでいる選手はどのように見極めたらよいのでしょうか。

ひと言で言うなら、**「普段のその人（自分）と違っていないか」を観察すること**でしょう。その違いは、心・体・行動に現れます。

①心の観察

まず、心を例にとると、イライラしたり、やる気が出なかったり、何をやっても楽しくない、自分の価値を感じられないといった心境になることがサインです。とはいえ、こういった気分や気持ちは多くの人が経験することで、そういった気持ちが表れたからといってその全てが要注意かというとそうではありません。

すぐに対処すべき違いの見極めのポイントはそれらの**状態・症状の持続性と強度**です。

普段寝て起きたら、悪い状態・症状が解決しているという人が、寝てもなかなか改善しなかったり、普段よりもその程度が強かったり長引いたりするというのが判断のポイントです。

②身体の観察

次に、身体に現れるサインです。身体と心の不調が関連しているケースは意外と多く、**頭痛、腹痛、腰痛、めまいなどがよくある症状**です。身体の不調だと思っていたら、なかなか原因がはっきりせず、メンタルヘルス不調からきていた……はよくある話です。

サンフレッチェ広島で活躍したサッカー選手、森﨑和幸《もりさきかずゆき》さんと森﨑浩司《もりさきこうじ》さんの話が有名で[7]す。彼らは身体の不調やパフォーマンス低下に苦しむ時期がありましたが、それがメンタルヘルス由来のものであると気づく前に、まず目が見えにくくなったと訴えていたそうです。身体に現れるメンタルヘルス不調の兆候、人それぞれのサインがあります。普段のその人とは違う様子は心・身体の両方で大事なサインです。

私自身の不調話です。実は、30歳のころから痛風と付き合って生きています（ビールの飲み過ぎでの発症ではなく、かかりやすい体質ゆえの発症でした）。ストレスがたまり随分と疲れてるなと感じると左の親指の付け根あたりがソワソワしてきます。このころになると肩こり・腰痛も生じてきて、睡眠の質も下がっています。この時点だと少し遅れた……という感じなのですが、不調の前兆として身体がサインを出してくれていると思い、早めに寝て、大好きな日本茶を淹れて積極的にリラックスするようにしています。このように「ストレスがたまると○○になりやすい傾向がある」という、普段の自分（その人）を知っていれば、セルフケアもしやすくなります。

③行動の観察

行動の変化が起きる場合もあります。大人の場合には、お酒、たばこ、ギャンブル、ゲームに興じる時間が長くなり、量が増える。お金の使い方や人付き合いの変化という例がイメージしやすいかもしれません。子どもの場合はゲームをしたりスマホを観たりする時間が増えたり、交友関係が変わったりというケースが考えられます。

これらのわかりやすい**不健全な対処行動以外にも、一見健全のように見える運動・筋トレをする頻度や量が増える／過剰といった変化も何かしらのサイン**かもしれません。アスリートであれば、トレーニングをしすぎるということが顕著な事例で、不安から、もっとやらなければ試合に出られないと思ってしまうことが背景にあるようです。部活動であれば、朝も夜も長い時間、過剰な自主練をしている子は要注意かもしれません。この例は、スポーツ以外の場面でも受験勉強や仕事にも当てはまります。普段なら、適当なところで終えられるのに細かいところが気になって続けてしまうなどです。

こういった「いつものその人ではない」という違いがわかるためには、普段の自分、普段の友達、保護者・教師やコーチなら普段の子どもたちの行動をよく観察して、知っておくことが大切です。

その意味では、**「ルーティーン」はメンタルヘルスケアとして有用**です。学校では、朝に校門の前であいさつ運動をしていたり、毎朝のホームルームなどで出席をとります。経験豊富な先生は、朝の返事一つで子どもの変化に気づくという話を聞きます。いつも同じタイミングで同じことをするというルーティーンの中で、観察の意識を加えると「いつものその人ではない」という変化、不調のサインに気がつくことができるかもしれません。

私の実感として、学校の先生の中では、養護教諭、いわゆる保健室の先生が、子どもたちの不調に気づくことに長けている方が多いように思います。身体の不調で保健室を訪れた子のメンタルヘルス不調やその前兆に気がつく。身体の不調を切符に、心について安心して相談できる、ケアを施してくれる存在として保健室の先生が学校にいらっしゃることは、子どもたちにとって、とても大きなことだと思っています。

スポーツ現場でも同じような存在がいます。マッサージ等を行うアスレティックトレーナーです。シーズン前の合宿の終盤、代表選考合宿の終盤になると、レギュラー選手になるかどうかのボーダーラインにいる選手たちがよくマッサージを受けに現れるそうです。

こういった子どもを取り巻く、いろいろな立場の人との連携は欠かせません。子どもがサインを発したり、不調を訴えたりしやすい立場の人と言えば、例えば、出場の選考にそこまで大きく関わらない副顧問などの先生、マネージャー、場合によってはＯＢ・ＯＧが考えられます。

「話を聴く」は難しい

メンタルヘルス不調のサインを出している子どもたちをどのようにサポートすればよいのでしょうか。

話を聴くことが大きな手助けになります。いつもそのように伝えているのですが、「話を聴くだけでいいんですか？」と思われる方が多いようです。話を聴くことの効果は大きくて、ものの見方が否定的になっている子どもにとって、話を聴いてもらえることで、自分は受け入れられていることを確認できる機会になります。自分には価値があるんだと認識できるようになります。それは、自身に対して肯定的に見られるきっかけになるかもしれません。

また、自分の状態を言葉にしたり、状態を客観的に言葉にしてもらうことで自分の状態を

「あ、こういうことだったんだ」と客観視するきっかけにもなります。安心感と自信を回復させ、凝り固まった思考を柔軟にすることもあります。

逆に、不安や悩みを抱えている子が、誰にも相談できない、話を聴いてもらえないという状況に陥ってしまうとどうでしょうか。「何をやっても変わらない」「誰も助けてくれない」と感じるようになってしまいます。ストレスがたまり、脳がうまく働かない状態に至ります。つまり、いつものその人とは違う状態になってしまいます。

ものの見方が否定的になり、そのストレスや問題が実際よりも大きく見えたり、何をしてもこの状況は変わらないだろうという気持ちになり、誰も助けてくれないように思えるなどです。なかなか適切な対処や周囲のサポートが得られないと、さらに大きなストレスを引き起こし、状態がどんどん悪化していってしまうでしょう。

不調が続き、状態が悪化した子どもは何を思うでしょうか。「誰も助けてくれない、自分ひとりで何とかするしかない」「このつらい状態から少しでも楽になりたい」という思いから、不健全なストレス対処を選択してしまう場合があります。

極端な例は、「イライラを抑えるため」「つらい気分をすっきりさせるため」といった不快感に対処するための自傷です。自傷の多くは、怒りや不安・緊張、絶望感、孤立感の軽減のために、それも誰の助けを借りることなく一人で抱え込み、行われるという実態[8]があります。自傷というとリストカットなどが想起されますが、拒食・過食・物質などへの依存、大量服薬といったものも自傷にあたります。苦痛への対処としての意識を変えるものから、意識を消失させる行為まで含まれます。不適切で、不健康なストレスへの対処行動を選択した結果としての自傷行為、その過程で、孤立が加速し、不健全な対処行動がエスカレートし、さらに重症化するという負のスパイラルに陥ってしまうこともあります。

不調のサインを出している子どもの話を真っ直ぐ聴くことは、小さなことと思われるかもしれませんが、実はとても大きな手助けになるのです。

想像以上にハードルの高い「助けて」の一言

みなさん、子どもの話を真っ直ぐに聴けているでしょうか。とても難しいです。聴いているつもりでも聴けていない。思い出してみてください。相手の話を否定したり強めの助言・指導はしないまでも、相手が話している最中には「自分は何を話そうかな」など、相手の話に耳を傾けず、ほかのことを考えているかもしれません。これでは、子どもが自分の価値を感じられるような有効な聴き方とは言えないでしょう。

子どもたちが、自分の心の様子を人に話すことには、とても大きな障壁があること。その高い壁をなんとか乗り越えて話をしてくれた。それを知っているだけで、もしかすると話の聴き方が変わるかもしれません。

私はかつて日本の男性ラグビー選手がメンタルヘルス不調を抱えたときの対処行動について調査をし、その結果を論文[9]で発表しました。調査結果から、3つのことが言えました（図9）。

①「うつの症状が重いこと」と「相談しようと考える傾向が小さいこと」に関連がありました。これは、もしかすると、**うつ症状が重いほど、メンタルヘルス不調で相談してほしい人ほど、相談できていない**可能性が考えられます。

②「メンタルヘルスに関する知識度が高いこと」と「メンタルヘルス不調を抱える人への肯定的な態度」に関連がありました。この結果は、**知識が多い人は、不調を抱えた他者に手を差し伸べることができる**と言えるかもしれません。メンタルヘルスについての情報をたくさんもち、メンタルヘルスリテラシーが高い人ほど、ほかの人が困っているときに手を差し伸べようとします。

③「メンタルヘルスに関する知識の程度」と「自身の不調時の相談行動に関する考え」には関連がありませんでした。これは、メンタルヘルスの知識が多い人でも、自分が不調の

図９：メンタルヘルス対処行動の傾向①

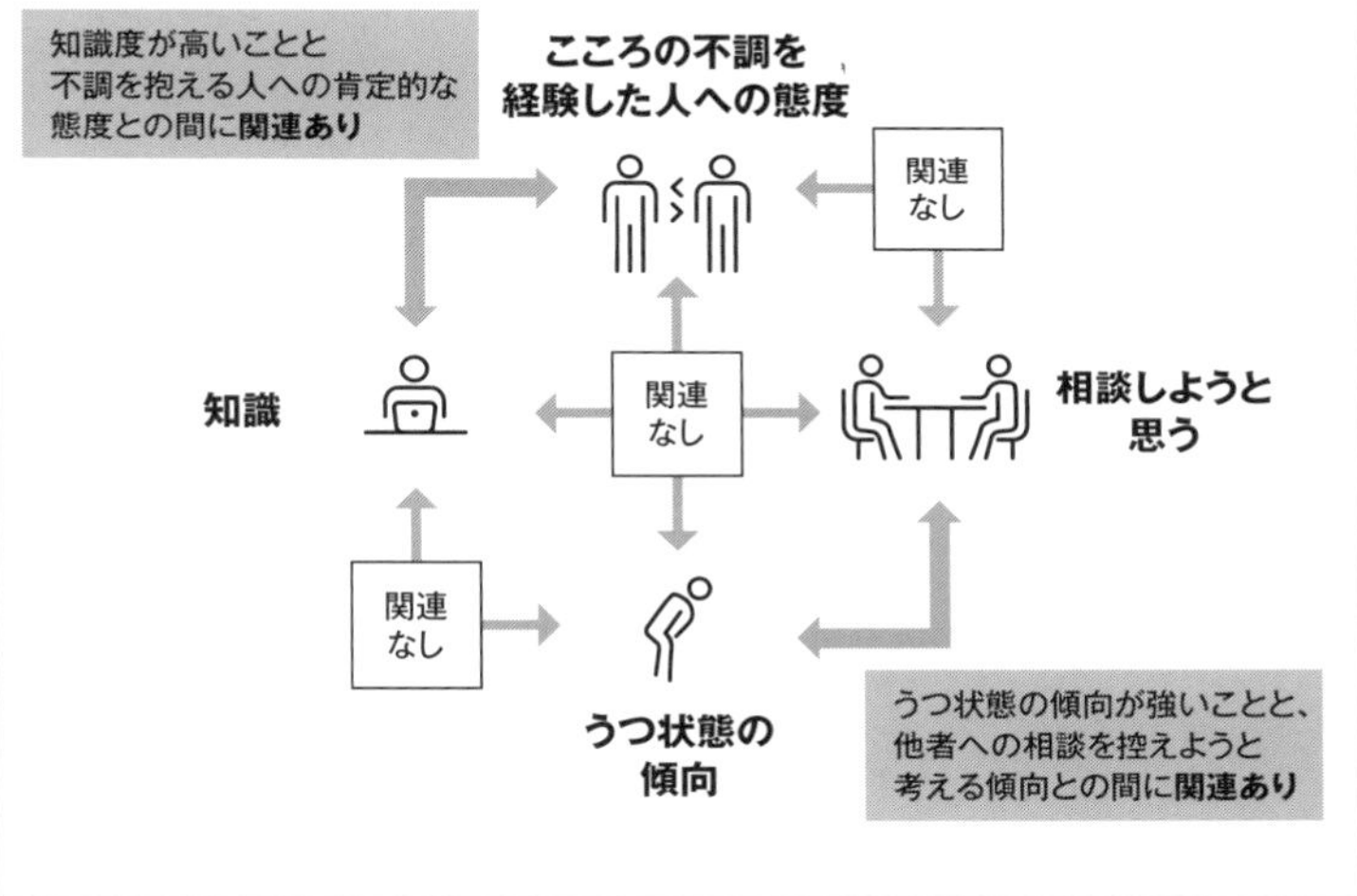

ときには、周囲の人に相談できるとは限らないということです。メンタルヘルスについてよく知っていると、他人には手を差し伸べられるけれども、**自分は他人に助けを求められない**。なぜかといえば、周りの人からどう見られるのか、相談したら弱いやつだと思われるんじゃないか、試合に使ってもらえなくなるんじゃないかと不安になるからなのかもしれません。

これに続く研究では、誰に相談しやすいか、あるいは相談しにくいのかを調査し、相談しづらい人物のトップには所属先関係者（監督、コーチ、スタッフ）で

図10：メンタルヘルス対処行動の傾向②

アンケートでの問い
自分のメンタルヘルスのことについて、あなたはどのくらい気軽に話せると思いますか？

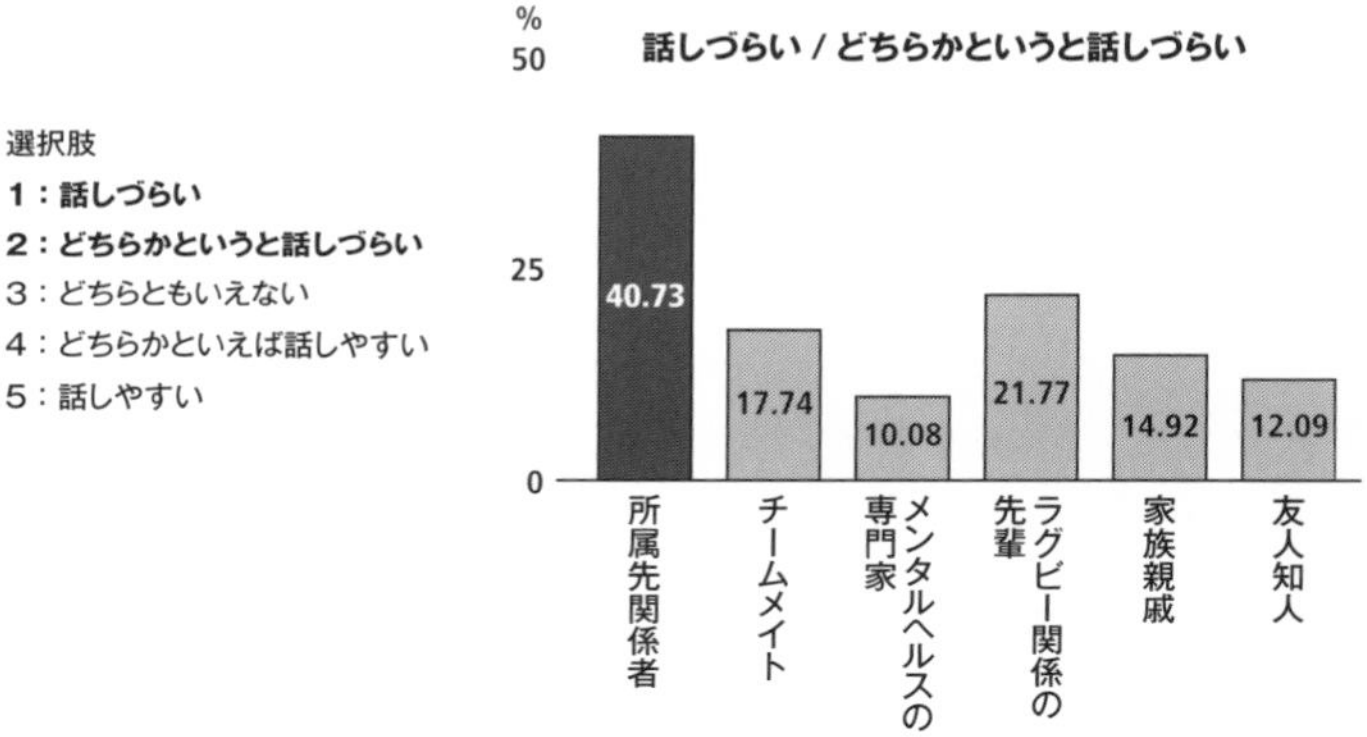

あることを明らかにしました[10]（図10）。所属先関係者は、ほかのどの人・どの場所よりも群を抜いて、メンタルヘルスについて話しづらいようです。

メンタルヘルス不調など心の様子の相談のしにくさは、かつて働いていた精神科臨床の現場でも感じていました。私はもともと看護師として病院で働いていて、実際に精神疾患を抱える方やその家族と接する機会も多くありました。

そのなかで実社会が抱えるメンタルヘルス課題の大きさを感じました。困ったときには誰かに相談することが大切なことは知っている。誰でも不安や悩み、メンタルヘルス不調が珍しくないことも知っている。そんな基本的なこと、頭ではわかっている。でも、相談しない。

不調の状況やその対処について人に話したり相談するのは弱い人間がすることだと多くの人がそのように思っている。こういったメンタルヘルス不調・障害、特に精神疾患という言葉から連想されるものに対する誤解や偏見があることに加え、常に競争にさらされるスポーツの世界では、気軽に他者に相談するということが非常に高いハードルであることは想像に難くないはずです。

相談を受けたときにどうするか

どのようにしたら心の様子を言葉にして相談しやすい環境をつくることができるのか。そのためには、スポーツ界においては、**「アントラージュ」**――フランス語で周囲にいる人という意味ですが――という人々が特に重要だと言われています。子ども、ジュニアアスリートにとってのアントラージュに当たる人は、監督やコーチ、スタッフ、家族や保護者などでしょうか。そういった周囲の大人の考え方や日々の言動は、その環境がもつ慣習・文化との相互作用で築かれます。周囲の大人が自分たちの日々の言動を振り返り、子どもが助けを求めやすい環境になっているかどうか考えてみましょう。

スポーツ界では、指導者と選手の上下関係ができやすいものです。上意下達は古くから続いてきた体育会系が作り上げたとも言える美学であり、そのような文化は今も根強く残っています。選手が高いハードルを乗り越えて、心の様子について真剣に話をしたとしても、その話に耳を傾けることなく「○○しろ。はい、終わり」と言われてしまう様子が今でもよく見かけます。このような相談時のネガティブな経験は、その後の人生においても誰にも相談せず一人で解決するという態度や行動に結びついてしまいます[11–13]。

あるいは、相談を受ける側（この場合には大人）はきちんと話を聴いているつもりでも、相談した側（子ども）にとっては聴いてもらえなかったと感じる場合もあります。話の聴き方は非常に難しく、話を聴いているうちにアドバイスをしたくなり、そのうちそれが指示のような口調になっていることがよくあります。

これは、指導者・保護者と選手・子どもの間で、日ごろから教える側と教わる側という関係でコミュニケーションをとる機会が多いために起こるものでしょう。**選手から相談を受ける際には、話を聴くことに専念すること。**選手から意見を求められた場合であっても、自身の意見が唯一の正解ではないこと、周囲のたくさんの人の多様な意見のうちの一つの意見というスタンスが大切で、それも子どもに伝えるべきでしょう。何より重要なのは、状況を理解するために話を聴くことです。それが一番難しいということは、みなさんも実感としてもっていらっしゃるかもしれません。

ここであえて避けていただきたい対応を注意喚起として述べます。それは「この子はうつ病だ、不安障害だ」などと、**勝手にラベルづけすること、このような失敗例は残念ながらよく聞きます。**ラベルづけによる弊害、影響はとても大きく、子どもをそのラベルのなかに閉じ込めてしまいます。大人が不用意に発した言葉、それが聞き慣れない精神疾患等の名称であればなおのこと。ただでさえ不調で苦しんでいる子どもに、さらなる負荷を与えてしまいます。周囲への影響も無視できません。チームメイトのいる前でこのようなラベルづけをすることも残念ながらあり、本人とチームメイトとの関係性にも影響[14,15]を与えてしまいます。

また、ラベルづけをした大人は、自分自身の言葉にのまれ、目の前の子どもを客観的に冷静に観察することが難しくなるかもしれません。普段は、子どもの様子を予断なく観察できているにもかかわらず、ラベルづけをしたことで「ああ、これは○○だからか」とほかの可能性を排除して納得してしまうようになる場合もあります。

監督やコーチ、スタッフ、家族や保護者は、選手や子どもの状態を観察し、子どもの話を丁寧に聴くこと。メンタルヘルス不調の可能性を疑いつつも、勝手な診断（ラベルづけ）をするのではなく、精神医療の専門家による具体的な治療が必要だと思われた際には専門家につないでいただきたいです。

精神医療の専門家への相談の仕方

どのようなときに医療の専門家につなぐといいのでしょうか。それは、普段のその人とは違うときで、より具体的に言えば「気分の激しい変化」「日常生活の変化」です。**気分の揺れが極めて激しいとき、怒り、悲しみ、苛立ちなどが2週間以上続いている**場合には医療の専門家につないでほしいです。また、睡眠や食事の習慣の変化、感情をむき出しにする、家族や友人と会おうとしないなども注意のサインです。

利用できる相談先として、街中には誰でも気軽に利用できるように設置されている公的な相談窓口やメンタルヘルスケアを専門とする病院やクリニックなどもあります。「誰に相談していいかわからない」ということがあるかもしれません。その場合には、保健所・保健センター・精神保健福祉センターのような公的機関にも対応する窓口があり、精神医療の専門家がさまざまな相談に応えてくれます。

メンタルヘルスケアを提供する専門の病院やクリニックでは、精神医療の専門家が在籍しており、メンタルヘルスの不調や障害について、個々の認知のパターン、捉え方、生活環境、生活習慣、体質など、多角的な観点から総合的に評価します。そして、その評価にもとづき、患者の状態に応じた適切な支援や治療を提案しています。最近では、メンタルクリニックやこころのクリニックが街中、オフィスビル内、駅周辺など目立つ場所に増えてきており、これは社会におけるメンタルヘルスへの需要の高まりを反映しています。

初診時には、30分以上かけて患者の話をじっくり聞くのが一般的です。このとき、医師はさまざまな職種の専門家と協力しながら、患者さんに最適なケアや生活方法をともに考えます。また、精神科の診察では、訴えられている症状がホルモン異常やほかの身体的な問題に起因する可能性もあるため、初診で血液検査や尿検査を行うことがあります。このようなアプローチによって、精神的な問題だけでなく身体的な要因も総合的に評価し、最適な治療を提供することが可能になります。

そうはいっても現状ではまだ精神医療の専門家に直接アクセスするためのハードルがいくつもあり、手続きも面倒だったりします。また、周りの人に見られたくないという心理も働きます。そのため、オンライン上で相談できるような試みも始まっています。スポーツ分野では、オーストラリアやニュージーランド、イギリス等でオンラインでのサポート体制が構築[16,17]されています。

日常的なケアとして何ができるか

ここまで、子どものメンタルヘルス不調が表面に現れている場合について考えてきました。63ページでも触れましたが、心の健康状態は健康か病気かという二項対立的な考えにもとづくものではなく、連続的に捉えることが大切でした。健康にもさまざまな状態があって、病気にもさまざまな状態があるように、目盛りは０と１しかないのではなく、０から１００までのグラデーションのなかで日々揺れ動いています。「昨日は状態が40ぐらいだったけど、よく寝たら70まで改善した」ということもあります。

図11は**心の状態の連続的なイメージを示し、状態によってどんなケアやサポートが必要なのか**を表したものです。健康な状態であっても規則正しい生活習慣やリフレッシュ活動などの日常的なケアは大切です。これらは自分で行うセルフケアです。もう少し心が疲れてきたなというときには、セルフケアに加えて、周囲からのサポートが必要になります。友達や家族とバーベキューをするなどして他愛もない話をする機会をつくるなど、あるいは、心身を休めるための環境調整がここに当たります。

もう少し調子が悪い場合には、相談窓口や街中やオンライン上にあるカウンセリングサー

図11：心の状態とケア・サポートの関係イメージ

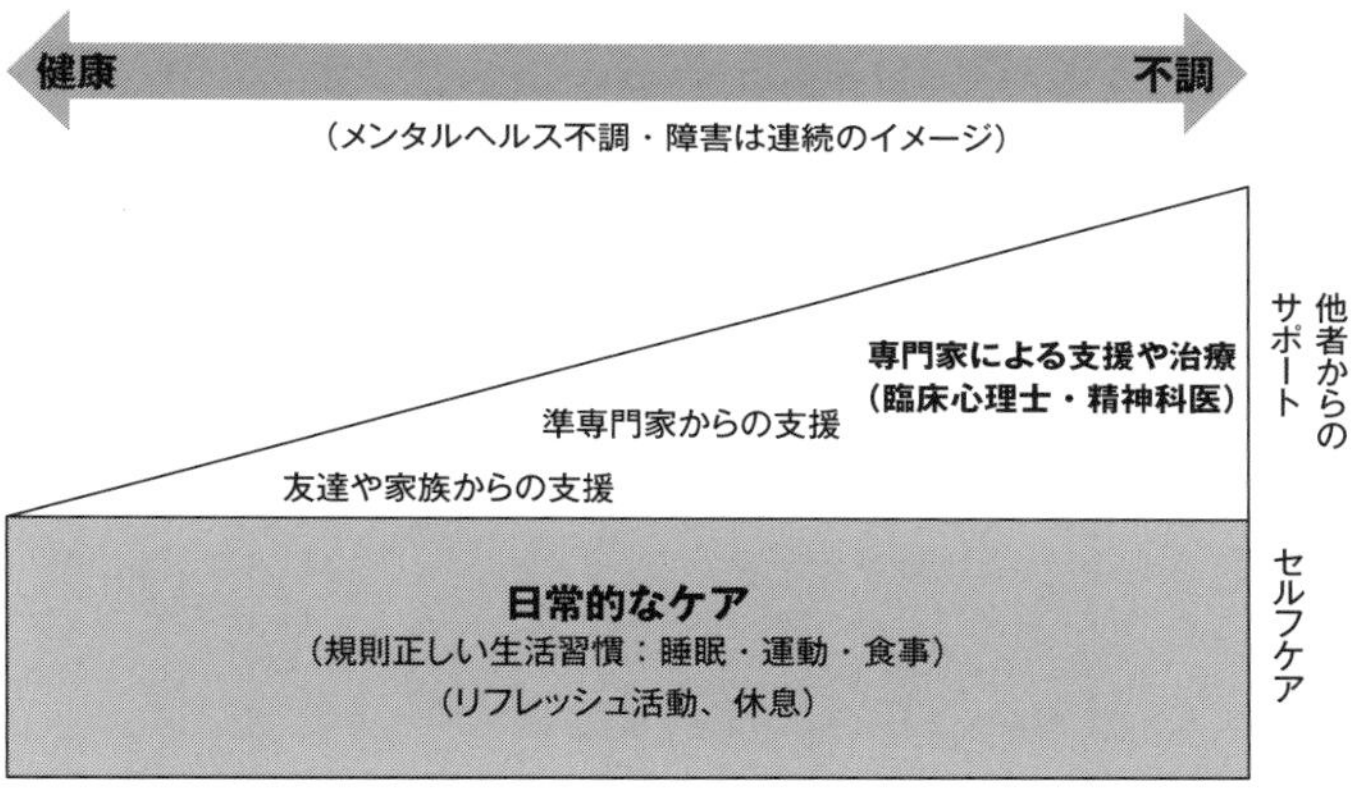

ビスを利用して話を聴いてもらう機会をつくると効果的でしょう。健康管理サービスやアプリなどの利用もいいと思います。これらを準専門家とします。さらに調子が悪いなと感じたら、臨床心理士や精神科医などの精神医療の専門家に頼るといいでしょう。

　このように心の健康状態が連続的なように途切れることなくサポートする体制があって、日常的にメンタルヘルスの話ができるような環境づくりをしていくことが理想的だと考えています。

　みなさんには、利害関係のない友人はいますか。107ページで紹介した調査[10]のように、やはり所属先の関係者には心の状態、メンタルヘルス不調や障害については話をしにくいものです。学校であれば担任の先生には相談しにくいし、スポーツチームでは、スタッフやコーチには話しにくい。だからこそ利害関係のない友達や家族、準専門家に気軽に相談できる環境、専門家も利用しやすい環境が大切でしょう。

子どもの中には、家族からの大きな期待を背負いながら、スポーツをしている場合があります。その場合には、保護者ですらも利害関係が生じている場合があります。また、友達といっても、環境によっては周囲の仲間に、部活動のチームメイトがほとんどを占めていたり、スポーツ推薦などで入学した場合はクラスメイトとも利害関係が発生するかもしれません。入寮していれば日常生活でも利害関係がある人との関わりが多くなります。スポーツに関わる人たちにとって、利害関係のない人とのつながりをどのようにつくるのかは重要な課題だと認識しています。

周囲の大人も同じです。部活動の指導者であれば他校の指導者と、保護者も保護者同士で関わる機会が増え、結束力は高まる一方で、言いづらいことも増えるでしょう。大人にとっても、利害関係のない人間関係をもっていることは大事です。利害関係のない仲間の数が多いほど、人生の豊かさを感じられるのではないかと考えています。

オーストラリアのメルボルンで生活していたとき、私と同世代の30～40代か少し年上くらいの方々とバーベキューを通じて仲よくさせていただいていました。利害関係のない友達が増え、そのありがたさを痛感しました。日本に帰国してからは、息子の学校のPTA役員をしたり、下町町内会の集まりでお祭りの準備をしたりと、利害関係から離れた方と仲よくさせていただいています。大人になると、さまざまな肩書や立場を背負わされ、それを意識して行動することが多くなると思います。そういったものを脱ぎ捨て、話をしたり遊んだりできる存在は本当に貴重です。この章のあとの対談で益子さんがお話しされていたように、大人も大人でメンタルヘルスのケアが必要です。ぜひ、みなさんも、さまざまな立場の人々と関係性を築いていってください。

子どものほうが大人よりメンタルヘルスリテラシーが高くなる

メンタルヘルスに関する総合的な理解を高め、誤解や偏見を小さくする。日本全国でメンタルヘルスリテラシーを底上げするために重要な出来事がありました。

それは学習指導要領の改訂です。学習指導要領とは、学校教育で行われている日々の授業の根拠です。どの地域で教育を受けても、一定水準の教育を受けられるようにするためにつくられたものです。その学習指導要領の高校保健体育科目に、新しく「精神疾患の予防と回復」という項目が追加になりました。メンタルヘルスの扱いの充実が図られており、健康とは何か、感染症、生活習慣病、喫煙・飲酒・薬物と並び、精神疾患についてもしっかり教えましょうということで、高校では50分×3～4回の授業の枠が確保されています。小学校や中学校でも、心の健康について単に知識を身につけるだけでなく、具体的な対処行動の内容が含まれるようになりました。精神疾患を含めメンタルヘルス不調・障害は思春期にかかりやすいものですので、小学校高学年の児童、中学高校の生徒では、自分自身や周囲の友達、また家族がメンタルヘルス不調の症状を経験しているという人も少なくないはずです。学校としても目を背けずに対処しなければいけない課題として、約40年ぶりにメンタルヘルスの内容が充実化されました。

ちなみに、学校でのメンタルヘルス教育の中で扱う内容には、精神疾患を含めメンタルヘルス不調・障害を誰もが抱えうるものであること、そのケアとして規則正しい生活習慣や調和のとれた生活の大切さ、早期発見と治療や支援が大事で、精神医療の専門家に援助を求めることが含まれています。また、相談しやすい環境の整備、回復しやすい環境を整えるためと、差別や偏見の存在も触れられています。この点、精神疾患を含めメンタルヘルス課題を取り巻く誤解や偏見・差別を健康課題として捉えた画期的なものと認識しています。大きな進歩です。

このような教育課程の変化によって、全国の子どもたちは一定のメンタルヘルスリテラシーを身につけるでしょう。必要なメンタルヘルスリテラシーを獲得すると、子どもたちはメンタルヘルス上の課題として、不調には早めに気づいて周囲に相談しようという考えをもつはずです。友達・周囲の人にも積極的に手を差し伸べるようになるでしょう。

ここで問題となるのが、そういった**子どもと周囲の大人の間に、メンタルヘルスリテラシーのギャップが生じる**ことです。子どものほうが、大人よりもメンタルヘルスリテラシーが高いことです。子どもが周囲の大人に相談したときに「根性でなんとかしろ」とか「こいつはメンタルが弱いから試合で使わない」などと言われると、子どもたちは「学んだことと違う」と大きな戸惑いを感じるでしょう。このような相談したのに不適切な対応を受けた残念な経験によって、その後子どもたちが相談できなくなってしまうことは先に述べたとおりです。そうなると104ページで触れた不健全なストレス対処行動がエスカレートしてしまうでしょう。

悩みを相談する、悩みを抱えている友達の話を聴くなど、子どもたちが実際の行動に結びつけるためには、周囲の大人の対応や大人たちがつくる環境がとても重要です。さらに、大きく見れば、地域コミュニティをどうつくるかという課題にも展開するでしょう。思春期の子どもたちの行動は、指導者や保護者の言動による影響が大きいものです。周囲の大人がメンタルヘルスについてどのように考え、どのような言動をとるか、それを子どもたちは常に見て学んでいます。少なくとも、自分が所属するコミュニティには、頼れる大人がいるということを示すことを期待しています。そのためには、学校教育のなかで子どもたちがメンタルヘルスについてどんなことを学んでいるのか、大人である自分たちがどんな態度をとらなければいけないかを知っていただきたいです。大人のほうが子どもより物事をよく知っていると決めつけがちですが、大人も学び続け、子どもからも教わるという姿勢が必要でしょう。

大人にもメンタルヘルスケアを

この本では主にスポーツに取り組む子どものメンタルヘルスについて考えていきますが、大人もストレス社会に生きていて、メンタルヘルスケアが必要です。ぜひ自分にも優しくしてください。

監督・指導者や保護者で気になるのは、**子どものスポーツを見ながら怒ってばかりいる人**です。選手のミスに怒る指導者や保護者は、ジュニアスポーツの世界では、残念ながらまだよくある日常風景かもしれません。怒りは強い感情です。怒りの対象となった子どもはもちろんのこと、自身にとっても大きな負荷がかかります。そのような強い感情を持続的に持ち続けること自体が、メンタルヘルス不調の前兆あるいはサインでしょう。

その背景理由を考えてみると、勝たなければ、成績を残さなければ、自分の存在価値、あるいは居場所がなくなってしまうという状況で、そう思えてしまっているのかもしれません。よい成績を残す子どものことが誇りになりすぎて、それがアイデンティティになってしまっている。自分のアイデンティティを失うことが怖くなっている状況です。

実は、子どものためではなく、大人が自分自身のために怒っているのかもしれません。ある価値観に縛られていて「勝つことがすべてだ」「ミスするのは弱いからだ」「怒ることが成長につながるんだ」――。何のためのスポーツなのか、誰のためのチームなのかは常に考えなければいけません。怒らない人からすると、子どもに怒ってばかりの人は強い立場にいるように見えるかもしれませんが、**怒っている大人も追い詰められている可能性**があります。監督やコーチも指導しているチーム以外の居場所や逃げ場をもつことが大切です。利害関係がない人・環境が本人にとって救いになるかもしれません。安定する場所と環境があること。別の居場所があること。そういう状態のほうが距離をとって落ち着いて見られるものです。自分も、周囲の大人たちも、メンタルヘルスを自分ごとに。その意識によって、子どもにとってよい環境づくりができるでしょう。公園でバーベキューしましょう。

益子直美さんに聞く

「監督が怒ってはいけない」ワケ

プロフィール
益子 直美 Naomi Masuko
タレント、スポーツレポーター
1984年、高3で女子バレー全日本代表に選出。1985年、イトーヨーカドー女子バレー部に入団。1990年、第23回日本リーグ初優勝。ワールドカップ、世界選手権に日本代表として出場。引退後の1993年にタレントに転身。現在は一般社団法人監督が怒ってはいけない大会代表理事、公益財団法人日本スポーツ協会の副会長、日本スポーツ少年団本部長を務める。

●「監督が怒ってはいけない大会」の始まり

小塩　益子さんは元・女子バレーの日本代表で、いまは「監督が怒ってはいけない大会」という小学生のバレーボール大会の主催や講演活動を行っています。そもそも「監督が怒ってはいけない大会」のきっかけは何ですか。

益子　それまでもさまざまな形でバレーボールに関わってきましたが、自分のなかに「勝ちを追い求める本気のバレーだけがバレーだ」という頑なな価値観がありました。でも、楽しいバレーがあってもいいと気づいて、次は子どもたちとそういう大会をつくろう、と。

私自身バレーが大嫌いで、やりたくないと思っていました。子どものころから殴られて、怒られてやってきて、子どもたちもそうなってしまうとかわいそうだなと思っていました。

それで最初の大会の当日の朝に参加者のみなさんに「監督が怒らない」というルールを発表しました。後出しで。

小塩　当日の朝？　なぜですか。

益子　言えなかったんです。「怒ってはいけない大会をやる」なんて言ったら関係者にも、大会を行うスタッフにも「なんて思われるだろう」と怖さを感じていました。

でも最初の福岡大会では大会のスケジュールにチーム対抗リレーや監督のストラックアウトといった遊びが入っていました。「これなら大丈夫かも」と思って「監督が怒ってはいけないというルールをつけたい」と伝えたら、スタッフが大賛成してくれました。

小塩　最初から（怒った監督に装着する）マスクももっていったんですか。

益子　最初はありませんでした。2年目ぐらいに、怒った先生にバツが書かれたマスクを渡した人がいたんです。子どもたちは大喜び。それでオリジナルマスクをつくったんです。

●怒ることは「厳しさ」ではない

益子　大会では「ルール、マナーを守れなかったとき」「取り組む態度、姿勢が悪かったとき」「いじめ、悪口を言ったとき」、それから「命に関わる事故につながりそうなとき」は怒ってもいいですよと伝えています。

子どもたちが監督が怒ったと、私を呼びに来ることがありますが、子どもたちが呼びに来るケースは大体セーフです。そういう風通しのいいチームは問題があることは少ないです。

一発アウトなのは高圧的な言葉です。絶対に怒ってはいけないのは試合中のミスに関することで、次にチャレンジできるような前向きな声かけを、と伝えています。

小塩　ダメな事例は、すべてのことに怒ってしまっているんですね。

益子　なんでもかんでも怒るのは伝え方がわかっていない、語彙力が不足しているからです。「スポーツには厳しさも必要じゃないか」と言われることもあります。私も厳しくするなとは言っていません。むしろ目標達成のためには厳しさも必要です。だからといって、長い時間走らせたり、ワンマンレシーブを意味もなくやらせることは厳しさだと思いません。厳しさをどう表現するかは指導者の腕の見せどころです。

小塩　益子さんのご専門のアンガーマネジメントなどのスキルが必要ですね。

益子　でも私も大学で監督をやっていたときには怒っていましたから。怒りのパワーは絶大です。それに楽でした。怒ることには即効性があるので、その場で子どもを修正できます。でも、副作用が大きくて、怒ると学生たちの主体性がなくなりました。1本1本プレーしたあとに、監督の顔色をうかがうようになったんです。とても反省しました。「怒ったほうがチームはまとまる」と言う人もいますが、それはまとまっているように見えるというだけです。

●大会で輝く子どもの姿

益子　昨年の藤沢大会ではスタッフから子どもたちがどれくらい主体的に動けるのか見てみたいと言われて、監督がベンチに入らない大会をしました。一部の監督からは反対意見も出ましたが、「体育館にはいてもいいし、親やマネージャーも見守っているから大丈夫」と説得してやってみました。

監督がいないので、タイムアウトやメンバーチェンジも選手たちがやらなければいけない。あるチームは交代やタイムアウトのタイミングを決めていました。試合のあとに感想を聞きにいったところ、「タイムアウトと交代のことばかりが気になって集中できなかった。だから、次は流れでやってみる」と。小学生でもこんなに主体的に取り組めます。

一方で大人はなかなか新しい価値観や捉え方を受け入れられず、新しいチャレンジができずにいます。私もスポーツは追い込まれないとダメだ、楽しんではいけないものだと、ずっと思っていました。

小塩　益子さんは現役時代にたくさん勝ったと思いますが、勝って楽しかったですか。

益子　楽しいわけないですよ。いつか負けるし、それが悪だと思っていました。

小塩　勝利以外価値がないという、行き過ぎた勝利至上主義ですね。

益子　監督も選手の気持ちを聞いてくれたことなんてありませんでした。今もそういう風潮は残っていると思います。

●監督たちも苦悩している

小塩　監督も普段は外の人に話を聴いてもらう機会は少ないと思いますが、どうでしょうか。

益子　ある監督は「今まで誰にも相談する機会がなかったけど」と言って、「1年生と6年生のミスは違う。怒らないで、どうやって指導すればいいかわからない」と打ち明けていました。

小塩　監督たちが大変だなと思うのは相談できる関係性の人が周囲にいない状況です。

益子　大会では、終わったあとに監督に集まってもらってフォローアップをします。そこで悩みごとを話し合うと横のつながりができます。

ある大会で、普段の大会では体育館中に響き渡るような怒鳴り声を出すベテラン監督がいました。仮にA先生としましょうか。大会前にA

先生と話をすると「普段は怒っているから、今日は黙る」と言います。でも私は「黙るだけのチャレンジではダメです。今日は一緒に認めるチャレンジをしましょう」と言って、一緒にベンチに付き添いました。すると、A先生が一生懸命に子どもたちを認めてくれたんです。大会で一番努力した方に贈呈するスマイル監督賞をA先生が獲得しました。

フォローアップの時間になると、あるコーチが「普段怒っているA先生が賞をとれるなんて信じられない」と言います。私がA先生のチャレンジを説明したら、「益子さんでもA先生を変えられないと思っていました。信じられないくらいです。でも、そんなチャレンジができていたのなら尊敬します」と認めてくれました。

小塩　いい話ですね。監督たちは怒ることでストレスを発散している面もあるのでしょうか。

益子　「怒りを我慢するのは本当に疲れる」という声はあります。試合の前に注意をして、負けたあとはポジティブフィードバックで終わると、子どもたちのやる気を削ぎません。そういう技術を身につけることが必要な気がします。

小塩　監督の怒りの種類にはいろいろありそうですが、どのようなお話をされていますか。

益子　怒りは防衛感情です。怒りが湧き上がったときには、何を守りたくて怒りが生まれたのかを意識してみてくださいという話をしています。

●弱音を吐くことで強くなれる

益子　先日、ジュニアチームのコーチをしている方たちのセミナーで話をしました。そのときに殴られたり怒られたりした経験があるかと尋ねると、まだ若い参加者が監督に暴力を振るわれた体験を話してくれました。辛い経験だったそうですが、指導する立場になったら「威厳をもったコーチになりたい」と言うんです。

小塩　威厳？　解釈の難しい発言ですね。

益子　なめられてはいけないから威厳をもちたいのだと思います。危ういと感じました。

小塩　自分が体罰やハラスメント満載の指導を受けてきた人はそういった指導の仕方に頼ってしまいますね。だから、それを子どもにもやってしまう傾向があるように感じます。

　ある研究によると5割以上の指導者・監督が何らかのメンタルヘルス不調を経験しているという結果が発表されました。トップカテゴリーの研究なので特有の要因はありますが、トップカテゴリーに限らず、さまざまな要因からメンタルに不安を抱えている指導者がたくさんいると思います。

益子　私自身も大学の監督をやっていたときには通勤途中で苦しくなることがありました。途中で休んでも「無理だ」と思って帰る日が何度もありました。当時は孤独を感じていました。誰にも相談できませんでした。監督は強くなければいけない、頼りにならなければいけないという価値観が私のなかにもあって、弱音を吐けなかった。それで体調を崩して辞任しました。

小塩　指導者だけでなく、そもそも日本では最近までトップカテゴリーのアスリートのメンタルヘルス研究もありませんでした。私がラグビー選手会に協力してもらって２０１９年に調査をして、２０２１年に論文を出したのが最初だと思います。

益子　そんなに最近の話なんですね。

　私も現役時代にメンタルで悩んだ記憶があります。全日本に選ばれ、所属チームではキャプテンだったのにもかかわらず、怖くてスパイクを決める自信がなくて、トスを上げてほしくなかったんです。例えば14対14で、あと1点というときにこそ決めるのがエース。そうでないとエース失格。でも、私はそれが怖くてしょうがなかった。

円形脱毛症になって、もう無理だと思い、引退覚悟でセッターに「私、トスを呼ぶのが怖い。10点以降は（トスを）上げないでほしい」と告白したんです。当時のセッターは同期で、アタッカーの打ちやすいように合わせて上げてくれる人思いのセッターでしたが絶対に怒られると思っていました。でも彼女は受け入れてくれて「上げてほしくないときのサインを決めよう」と言って、二人だけのサインを決めてくれたのです。

初めて弱音を吐いたら、否定されずに受け入れてくれた。そうしたら安心できて、結局そのサインを出すことはありませんでした。

それ以降、私も誰かが弱音を吐いたときに否定せずに受け入れられる人になりたいという思いが強くなりました。

●環境を変えるために必要なこと

——怒っている本人よりも、その側にいる人が何もできていない自分を否定してしまうケースが多くあると思います。怒っている人に何も言えない関係も多いかと思いますが、せめてどういう態度で子どもに接したらよいのでしょうか。

益子　難しいですね。一番辛かったのはどんなに勝っても、全日本に選ばれても認めてくれる人が誰もいなかったこと。チームの中に、一人でも認めてくれる人がいれば、子どもたちにとってすごく大きいことだと思います。

小塩　自分がやったことを喜んでくれる人がいることが大切ですね。スパイクを打ったこと自体が挑戦で、その結果がどうであれ、すごく喜んでいるチームもありますよね。

益子　「怒ってはいけない大会」に出てきてくれる監督は変わる準備ができている方が多いですし、そのきっかけもみなさん、さまざまに経験しています。ある監督さんはストレスで脳梗塞になって、怒ることはやめようと思って大会に出ることを決めたそうです。子どもたち全員が辞めると言いに来たことがきっかけで変わった指導者の方もいます。やっぱり、ちょっとしたきっかけが必要です。

小塩　きっかけは転がっているかもしれませんが、本人たちが自覚するかどうかが大事ですね。

日本では今でもオリンピックでメダルをとれなかったことを謝ってしまうような雰囲気があります。勝利の価値がとても大きい。

益子　私は今、日本スポーツ少年団の本部長を務めていますが、その全国大会は交流大会なんです。全国大会が必要かどうか近年は議論が分かれますが、行き過ぎた勝利至上主義にならないように、トーナメントではなくリーグ戦にして交流するなど、工夫できるはずです。少年団の大会をほかの競技団体の見本になるようにしていきたいと思っています。

大会の理念や形式は環境です。「監督が怒ってはいけない」というルールも環境への働きかけです。「今度の大会では監督が怒らないようにしませんか？」と提案するチャレンジ、誰かがそういう提案をしたときに「いいですね！」と賛成して盛り上げるチャレンジ。小さなところからでも、輪が広がってほしいと願っています。

第3章

子どもの心の支え方、伸ばし方

この章では、メンタルヘルスリテラシーの何をどのように日常生活で活かすかを具体的に考えていきます。

大切なポイントは、**規則正しい生活習慣、不調のキャッチ、他者の話を聴く、心の様子を表現すること、**の4つです。お気づきの通り、これらは、大人にとっては子どものころから言われている基本的なことです。一見するといずれも簡単なようですが、難しいことで、それもみなさん知っていると思います。基本が何より大切です。子どもから大人までどの世代においても、共通して大切なことで、人間が健康に幸せに生きる・育つために重要な基礎だと考えています。

これまでに、私が専門とする健康教育学にもとづく、さまざまな知見が蓄積され、具体的なスキルやツールも開発されてきました。この章ではご家庭でもチームでもできることを紹介します。生活習慣を維持する・観察する・聴く・表現するを意識しながら、ぜひ実践してみてください。

1　規則正しい生活習慣を身につける

睡眠を改善すると、スリーポイントシュートの成功率が上がる

まずは、規則正しい生活習慣を身につけることです。メンタルウェルビーイングの向上、メンタルヘルス不調の予防と回復のために、何よりも大事なことだと考えています。メンタルヘルスケアが、パフォーマンス向上のため、実力を発揮するための何よりの土台になることは第1章でお伝えしました。そして、その土台を構成しているのが、規則正しい生活習慣、つまり食事・休養・運動・睡眠を整えることです。

基本的な生活習慣を整えることが大切……は、小学生のころからずっと言われ続けていることです。あまりにも普通すぎると感じる人もいるかもしれません。当たり前に言われ続けていることが、何より難しいのではないでしょうか。私が10代の子どもの睡眠を研究してきた[1,2]こともあり、ここでは特に、適切な睡眠習慣とは？　について考えていきたいと思います。

心身ともに健康であるためには睡眠習慣が重要であることは広く知られています。競技におけるパフォーマンスに良好な睡眠が欠かせないというのも今では常識となっています。

大学生のバスケットボール選手が睡眠習慣を改善したらスリーポイントシュートの成功率が向上したという有名な論文[3]があります。選手たちが睡眠時間を普段よりも長くとった場合（110分ほど長く10時間睡眠を指導）、その成果を約2カ月間、観察したところ、**スリーポイントシュートの成功率が9・2パーセント向上**しました。バスケットボールをしていた私からすると約10パーセントの向上は夢のようなスキルアップです。

また、アスリートを一晩徹夜させ、眠りたい時間に眠らせないことで、筋力は本来のパフォーマンスが出せないという知見も報告[4]されています。睡眠時間を十分に確保できず、いわゆる睡眠不足な状態では、筋力と認知力に影響があるということです。認知力は、プレーの中でいかにまわりの状況を瞬時に把握できるかという力、集中力の一つです。睡眠時間が短く、次の日の認知力が下がることは、競技生活、日常生活ともに、自分のパフォーマンスの低下、コンディショニングへの悪影響、怪我をしやすくなったりと経験的にも理解されやすいことだと思います。

眠る「時間帯」も重要

適切な睡眠習慣の中で、いつ寝るかというタイミング、眠る時間帯も大切です。

よくある誤解として、睡眠時間さえたくさんとれば大丈夫だろうと、ついつい週末に寝だめをすることが常態化している人がいます。それが不適切な睡眠習慣の始まり。体内リズムに影響してしまいます。

体内リズムのズレは、体調（コンディション）に大きく影響します。身体の中でいわゆる時差ボケのような状態をつくり出してしまいます。**ソーシャル・ジェットラグ（社会的時差ぼけ）**と言います。この社会的時差ぼけは、不安やうつ等のメンタルヘルス不調・障害、社会的な機能、子どもでもアスリートでもパフォーマンスへの影響がある[1,2,5,6]と考えられています。

眠る時間帯について、その人の体質、例えば、朝型なのか、夜型なのかによって人それぞれ寝やすい時間帯がある程度決まっています[7]。朝早くから活発に活動できる朝型というタイプと、ある程度日が昇ってからのほうが活発に活動できる夜型というタイプです。朝型か夜型か、その傾向をチェックするツール[8]もありますので、一度調べてみるといいかもしれません（https://www.sleepmed.jp/q/meq/meq_form.php）。自分が眠りやすい時間帯を見つけ、その時間にきちんと眠ることが大切です。

アメリカの学校で行われた研究の知見ですが、学校の始業時間を遅らせたら、子どもたちの睡眠時間が長くなるだけでなく、日中の眠気の改善、遅刻も少なくなったという報告[9]があります。また、学業成績が上がったという報告[10]もあります。そして、学校の始業時間を遅らせることの効果は、特に夜型タイプの子どもたちで大きい[11]と考えられています。**思春期は、睡眠のリズムが夜型に移行する傾向**[12]があります。小学校低学年から徐々に夜型化して、男女とも20歳前後で夜型化のピークを迎えます。子どもたちは朝早い学校の始業時刻、それよりも早い朝練の時間に合わせて朝はなかなか起きることができません。起床できていても夜間の眠りの質が高いとはいえず、実際に、高校生の多くが日中に眠気を感じています。日本でも、始業時刻を遅らせることで救われる子どもは多い[13]かもしれません。

私自身も、高校生のころには部活動の朝練のためになんとか起きて行っていたものの、その後の午前中の授業は強い眠気を感じていて、ほとんど起きていられませんでした。朝起きるのがつらかったし、授業も本当に眠かった。こんなにも眠くなるのは授業がおもしろくないからだと思っていました。

大学院の講義内で、思春期の睡眠リズムについて知ったときには、「そうだよね。仕方なかったよね」と納得したことを覚えています。そんな私が、学校の先生向けの講演をさせていただく中で聞いた話ですが、学校で授業をしていると、朝練のある部活に所属している生徒がいつも寝ている。それも、朝練のある日にもれなく寝ている・眠そうにしている気がするのだそうです。先生も、自分の授業がつまらないのだろうなと思っていたそうです。始業時間、朝練について見直すことで、子どもも先生も救われるのかもしれません。

研究でわかった「どのくらい眠ればいいのか」

睡眠習慣とメンタルヘルスについて、私が行った研究を一部紹介したいと思います。

私は、思春期の子どもにおいて、メンタルヘルスの観点で適切な睡眠習慣とは？　という課題意識をもって、調査研究に取り組んできました。

1つ目は、睡眠時間。何時間程度の睡眠を子どもにとらせることが望ましいのかというのを調べた研究です。中高生約2万人を対象にした生活習慣と心の健康のアンケート調査データを解析することで、この課題の検討を行いました。[2]

データ解析の結果（図12）から、男子では、中高生ともに**平日夜間に8・5〜9・5時間の睡眠**をとっている生徒は「うつ・不安」のリスクが最も小さいということがわかりました。女子では中高生ともにいずれも、**男子より約1時間短い7・5〜8・5時間**でした。

図 12：睡眠時間の調査結果

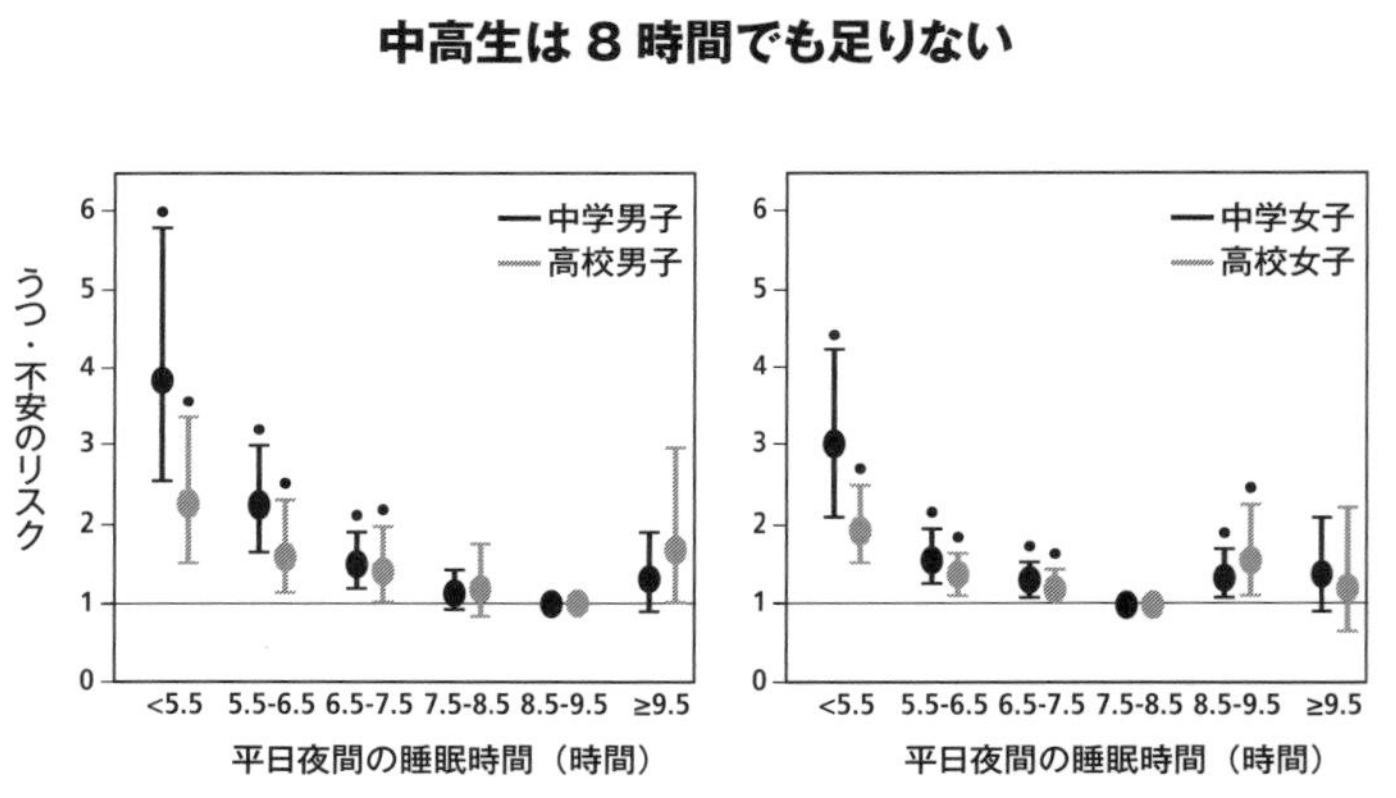

出典：Ojio et al. 2016

必要な睡眠時間には個人差があるのが前提としても、個人や集団での健康教育をしたり、セルフケアとして睡眠習慣を見直す際に、まずは標準的な目安が役に立つでしょう。その意味で、この研究の知見から、「思春期の中高生において、メンタルヘルス不調・障害の予防のために必要な睡眠時間が存在する可能性があり、その時間は、**男子では8・5時間かそれ以上、女子では7・5~8・5時間かそれ以上**であること」が目安の一つとなること[2]を示しました。

睡眠時間に続く研究として、いつ眠るべきか？　という睡眠タイミングとメンタルヘルスの関連について研究[1]を行いました。ここで示した知見は、平日と休日で睡眠時間帯の違いが小さい子どもでは、メンタルヘルス不調（うつ）の状態をきたすリスクが低いこと、つまり、平日も休日も同じ時間帯に眠ることがメンタルヘルス不調の予防にとって大事である可能性を示しました。

スマートフォンはリビングに置いて寝る

日本人は、子どもも大人も、睡眠時間がかなり短く、国際的に推奨される睡眠時間を大きく下回っていることが[14]知られています。日本人の睡眠時間は、この50年で約1時間短縮[15]しており、日本の子どもの睡眠時間はアメリカより1時間、欧州諸国より1～2時間短い[14,16]と言われています。子どもも大人も、平日は学校や塾・仕事が忙しく常態的に睡眠不足で、週末にたくさん寝るという人が多いのではないでしょうか。

これまでに私が全国各地で聞いてきた睡眠の悩み話には「月曜から火曜にかけては憂鬱で、水曜日以降にやっと少し安定します」という人が多かったような気がします。企業の方、学校の先生、子どもたちも同様です。平日頑張って、やっとゆっくり眠れる金曜日の夜はたくさん眠り、土曜日の昼過ぎまで眠っている。そこでリズムが崩れ始めます。

ではどうしたらいいのでしょうか。この土曜の朝を起点として考えると、土曜に早起きして早寝する、日曜も同じように早起き早寝することです。つまり平日も休日も同じ時間に寝て、同じ時間に起きる。これこそ小学生のころから教えられる基本的な生活習慣でしょう。スポーツでも基本が大事と言いますが、睡眠においても、健康維持のために基本が大事です。規則正しい生活習慣や睡眠習慣は、日本全体が元気になる鍵だとさえ思っています。

この全国睡眠不足問題は、特に都心部では、社会環境が一つの大きなものだと言えるでしょう。これは私が海外での生活を通じて特に気づかされました。コンビニの営業時間はセブンイレブン（7時〜23時）よりも短い8時〜22時で、街中の飲食店も早い時間に閉め始めます。中には遅くまで開いているお店もありますが、多くはありません。自然と家に帰る時間が早くなり、多くの人が夜遅くまで外出しないでしょう。家に帰って、テレビをつけても番組は日本ほど面白いものは放送されていません。結果として、家庭内では夜は家族とともに食事をし、早めに床につくという生活リズムが形成されやすいのだと考えています。都市環境が人々の生活習慣、特に睡眠習慣にどのように影響を与えるかを示す興味深い事例でした。また、日本のような便利で活動的な環境が必ずしも私たちの健康にとって最適とは言えないということでもあります。

現代社会において、良好な睡眠習慣を築くために気をつけなくてはならないものは、スマートフォンとの付き合い方でしょう。

図13：スマホと睡眠の関係性

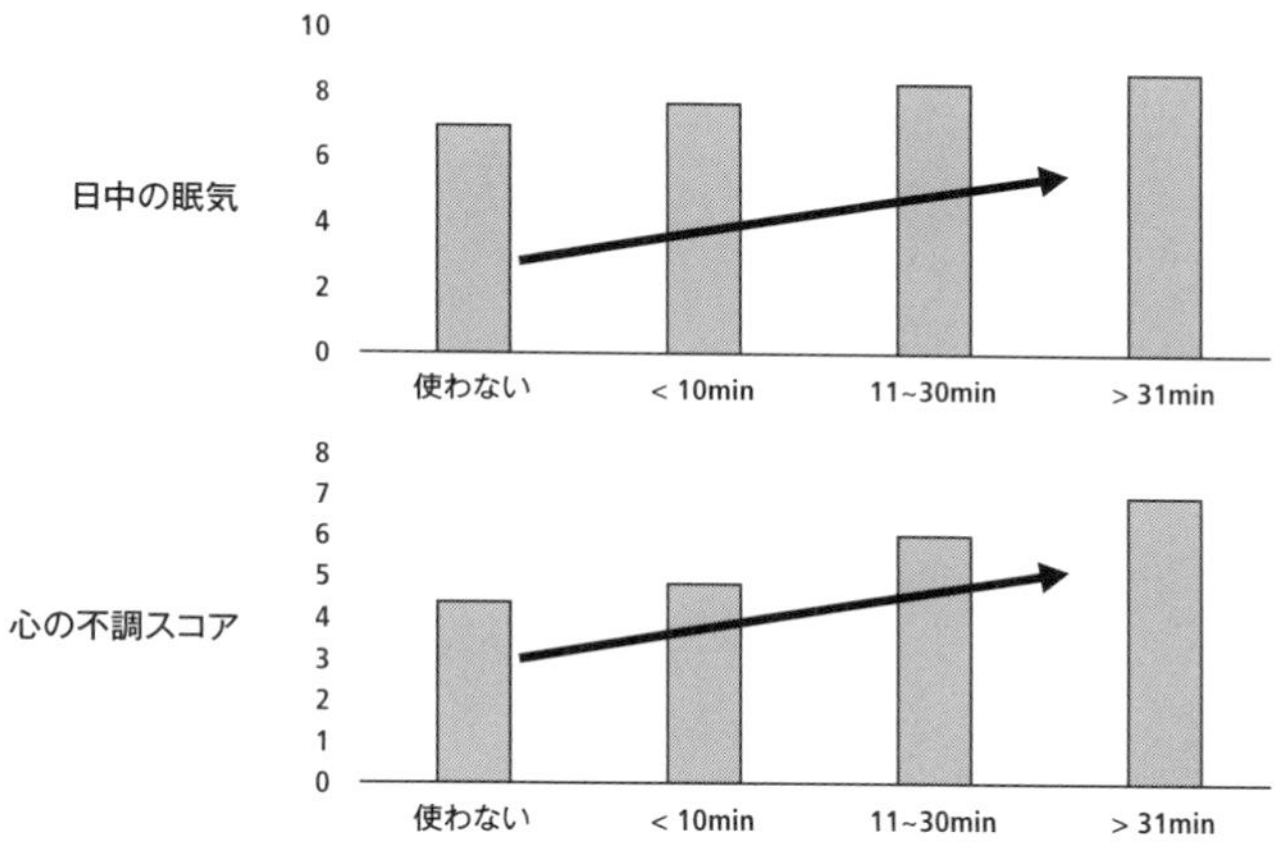

多くの子どもが自分専用のスマートフォンを所有しています。図13のグラフは、ある都市近郊の中学生（約2000名）を対象にした生活習慣と心の健康アンケート調査を分析した結果です。

どちらもスコアが高ければ高いほど、不調であることを示しています。一目瞭然ですが、寝る間にスマートフォンを使わない人と、少しの時間でも（10分であったとしても）見ている人とでは、朝起きたときの眠気もメンタルヘルスのスコアも違ってきます。スマートフォンから目に入ってくる光、スマートフォンを通じて得る情報が脳を覚醒させてしまうなど原因として考えられます。[17] 私は、**「スマートフォンはリビングに置いて寝ま**

しょう」と提案しています。寝室・ベッドや布団は寝るための場所です。

1日のスケジュールを睡眠時間とタイミングから逆算する

睡眠のスケジュールをつけること、これが何より効果的だと思います。

病院やクリニックなどでは、不眠症の患者さんに睡眠日誌が使われてきました。睡眠日誌には、自分の睡眠を振り返って、何時に寝て何時に起きたか、朝起きたときの気分なども書く場合もあります。このように自分の睡眠の様子をモニタリングすることで、自身の睡眠の何が問題なのか、改善できる点はないかなどを知ることができる点では睡眠習慣の改善に効果があります。

私からの提案は、この睡眠日誌にもとづくアイデアとして、過去を振り返るのではなく、前向きに睡眠習慣のスケジュールを立てることです。つまり、「実際にどうだったか」ではなく**「どのように寝るかの予定を立てる」**ということです。

睡眠スケジュール表では、朝起きる時刻、必要な睡眠時間、就寝時刻を記入します（図14）。この3つをあらかじめ決めることで、起きている時間が決まってきますよね。睡眠から逆算して自分が健康的に活動できる時間を予定できるのです。

図 14：睡眠スケジュール表のイメージ

手順

①朝起きる時刻は？
②必要な睡眠時間は？
③就寝時刻を決める
④昼間の活動も決まる

＊実現のポイント
家族や友達に宣言する
一週間続けてみる

睡眠スケジュール表

時間	7/1 月	7/2 火	7/3 水	7/4 木	7/5 金	7/6 土	7/7 日
6:00	↓						
7:00	起床						
8:00	——						
9:00							
10:00							
11:00	学						
12:00							
13:00	校						
14:00							
15:00							
16:00							
17:00	部						
18:00	活						
19:00	夕食						
20:00	宿題						
21:00	自由						
22:00	就寝						
23:00	↑						
0:00							

①起床の時刻を書き込む

④日中の予定を書き込む

③就寝時刻を書き込む

②必要な睡眠時間を確保する

最後に、通常のスケジュール表のように予定を記入していきます。夜遅くの会議、会食、子どもの場合には習いごとが入ってくることもあるでしょう。自分や子どもが健康で幸せに生きるために必要な予定なのか考えるきっかけになるかもしれません。

さらに、「テストがあった」とか「部活動でミスが目立ちました」などのストレスとなる出来事を記入し、朝起きたときの気分なども合わせて書くと、自身の睡眠習慣とメンタルヘルスの関係を知ることができる自分だけのツールをつくることができるでしょう。

自分や子どもの睡眠習慣や状況について、家族で、あるいは周囲の人と話すことも適切な睡眠習慣を身につけること、ひいては家族全体での健康づくり活動として有効です。


睡眠の話は、心の様子・状態について話をするきっかけにもなります。上記の睡眠スケジュール表やこれに似た記録を見ながら「今日は寝る時間が遅かったんだね」「なかなか寝つけなくて……」「なにか考えごとしていた？」「いや〜、そういうわけじゃないんだけど……」と、自然に話ができるでしょう。心の様子、特にメンタルヘルス不調等については、子どもにとって言葉で表現するのが難しいですし、大人から直接聞くのも抵抗を感じやすいものです。「なにかきっかけがあったらな」と思われているときに、睡眠の話題はちょうどよいと思います。ちなみに、話をするときに大事なことは「もっとこうしたらいいね」とアドバイスをするのではなく、褒めたり、共感して、認めて、お互いに聴き合うこと、学び合うこと、コミュニケーションをとりやすい雰囲気づくりをすることです。

「睡眠スケジュール表として書くことはなかなか続かなそう」という方も多いです。

そういった方におすすめなのが**ウェアラブルデバイス**です。ウェアラブルデバイスは、文字通り、身体に装着して使用できるというものです。手がふさがっている状態、何かの作業中、スポーツをしている最中、もちろん睡眠中でも利用でき、その間に自動で生体情報を取得・管理できます。リストバンドタイプのウェアラブルデバイスがよく知られますが、最近では指輪型のものもあります。

心拍数や歩行数、睡眠時間などの活動データを得て、スマートフォンやPCで確認できます。その情報を健康管理アプリやフィットネスアプリとも連動させて、生活習慣の改善点を把握しやすくなります。最近では、ウェアラブルデバイス自体の測定技術が発展して、計測データの精度も日に日に向上しています。より質の高い睡眠を得るには、ウェアラブルデバイスを活用して、より正確なデータを基に自分の睡眠を客観視することが重要でしょう。

私もウェアラブルデバイスを、今は24時間手放せない状態でフル活用しています。実は、「寝るときに、腕に何かを身に着けていて寝られるのかな」と最初は乗り気ではありませんでした。睡眠研究で子どもや大人の被験者に使う前に、まずは自分が試さなければと思い、始めてみました。実際に使ってみると、装着感もほとんど気になりませんでした。使い始めて約5年が経ちましたが、今では腕にウェアラブルデバイスがないと落ち着いて眠れません。データを見てみると、仕事が忙しい、原稿に追われている、飲酒後の睡眠スコアは極端に低いようです。そんな話を家族にもしますし、同じウェアラブルデバイスを装着している人を見つけるとずっと睡眠の話をしたりしています。私が健康睡眠オタクなだけなのかもしれないですが……。

2　不調をキャッチする

「普段のその人と違っていないか」

話を聴くためには日ごろの様子の観察が欠かせません。不安や悩み、メンタルヘルス不調についてどのような行動を観察していれば、メンタルヘルス不調に気づくことができるのでしょうか。

ある大企業での講演のこと、このようなコメントをいただきました。「表向きは不調を見せないように振る舞っています。それでいいと思っています」というものです。メンタルヘルス不調は目に見えないだけでなく、本人もそれを見せないように振る舞うことが往々にしてあります。その理由は、メンタルヘルスに対するネガティブなイメージが関係しているでしょう。

第2章では、メンタルヘルス不調が行動に現れることを説明しました。重要なキーワードは**「普段のその人と違っていないか」**でした。心の様子を直接見ることはできませんが、行動をつぶさに観察することで、その変化を通じて、心の状態の変化に気がつくことができます。子どもの場合であれば、部活動だけでなく、学校や家庭での生活にも目を向けることで、普段のその人がわかると同時に、そこからの変化についてもよりわかりやすくなるでしょう。

友達や家族と会おうとしないというのは特徴的な変化ですし、普段はそんなことはないのに、学校や部活動に遅刻をする、忘れものをする、細かいところで言えば、挨拶の声の雰囲気、周囲の人との接し方がいつもと違うという変化も考えられます。食生活の変化というのもわかりやすく、気分が塞ぎ込んで全然食べられないというだけでなく、逆にとにかくたくさん食べてしまうというのも一つのサインです。睡眠習慣の変化もあります。なかなか寝付けないことはよく知られていますが、寝すぎるのも変化です。悩みごとが多くて眠れないということもありますし、十分な睡眠をとっているのにもっと寝なければいけないと思い込んでしまう場合もあります。

ちなみに、すごく元気なので寝なくても平気という状態もまた普段のその人とは異なります。メンタルヘルス不調というと塞ぎ込んだり、暗くなったりというイメージがあるかもしれませんが、このように逆に元気すぎるというパターンの変化もあります。一旦極端な状態に振れた場合、本来の自分に戻るには、大きな反動として負担がかかります。

例えば、ハイテンションが続くと、今度は逆に振れて、回復のために時間を要することもあります。「最近、急に人が変わったように頑張り始めて、朝も夜も自主練・残業までしてえらいなあ」と思う子どもがいたら、感心している場合ではなかった……というケースもあるということです。「先日のその人の様子とは全く違う。大丈夫かな」と気づくのは重要なことです。そういった意味でも普段の状態を知ることは、周囲の大人にとって必須でしょう。

メンタルヘルス不調のサインを見つけるためのチェックリスト

普段のその人とは異なるサインを出している子どもがいたとして、どのような状態なら精神医療の専門家に相談するのがよいのでしょうか。いくら話を聴くのが大切だと言っても、予想できる範囲を超えた振れ幅のときには医療の専門家の力を借りるタイミングだと言えます。

極端なケースは判断がしやすいですが、そうではないケースがほとんどかもしれません。

「確かにいつもと違うけれど……」という微妙な違和感をもつようなケースで悩むものだと思います。

そこで、参考にしていただけるチェックリストを一つご紹介します。日本版 Baron Depression Screener for Athletes（BDSA-J）です。BDSA-Jは、アスリートの抑うつ状態を評価する10項目の尺度[18]です。合計得点は0点から20点までで、得点が高いほど、抑うつの傾向が強いことを意味します。原版は英語版[19]ですが、その原版と日本語に翻訳された本尺度は、その評価の質に違いがないことが私たちの研究で確認されました（本尺度は、メンタルヘルスの状態を把握する際の参考にするものであり、うつ病の診断をするものではありません。また、そのほかのメンタルヘルス症状に関するチェックリストがありますので、調べてみてください）。

改めての注意点ですが、その人が抱えている不調の状態像について精神疾患の有無あるいは診断をするのはあくまでも精神医療の専門家（医師）です。監督やコーチができることは、その子（人）の困りごとや違和感について不調のサインかもしれないという気づきを言語化して、まずは医療の専門家につなぐところまでです。もちろんつないだら終わりではなく、その後の回復過程でも重要な役割があります。「いつものその子（人）とは違う」というサインに早めに気づくことで、重症化も防ぐ。とても重要な役割があります。このチェック

日本版Baron Depression Screener for Athletes

● 過去２週間の間に次のことがありましたか。あてはまる欄を選んでください。

	まったくなかった	ときどき	ほぼ常に
1．良い練習や上手くいった試合の後でも、悲しく感じる。	0	1	2
2．もう、競い合うことに喜びを感じられなくなっており、自分の競技に興味を失った。	0	1	2
3．選手として成功によって喜びを得ることは、ほとんどあるいはまったくない。	0	1	2
4．自身の食欲と体重に問題を抱えている。	0	1	2
5．朝起きたときに、休んだ感じやすっきりした感じがない。	0	1	2
6．トレーニングや試合に集中することや、集中力を維持することに問題を抱えている。	0	1	2
7．選手としても人としても失敗しているように感じる。	0	1	2
8．失敗やスポーツから離れることを考えてしまう。	0	1	2
9．気分を変えるために、アルコールを飲んだり、サプリメントを摂取している。	0	1	2
10．自分の人生を終わらせることを考えている。	0	1	2

BDSA-Jは、アスリートの抑うつ状態を評価する10項目の尺度です。

合計得点は０点から20点までで、得点が高いほど、抑うつの傾向が強いことを意味します。

原版である英語版のBDSAと日本語に翻訳された本尺度は、その評価の質に違いがないことが私たちの研究で確認されました。

＊本尺度は、メンタルヘルスの状態を把握する際の参考にするものであり、うつ病の診断をするものではありません。

尺度を使用する際には、下記の論文を引用してください：

Ojio,Y.;Matsunaga,A.;Hatakeyama,K.;Kawamura,S.;Horiguchi,M.;Baron,D.;Fujii,C.Developing a Japanese Version of the Baron Depression Screener for Athletes among Male Professional Rugby Players.Int.J.Environ.Res.Public Health 2020,17,5533.doi:https://doi.org/10.3390/jerph17155533

リストは、あくまで一つの目安にすぎず、決して診断に使えるものではないことは改めてお伝えしておきます。

コンディションを客観的に把握するツール

そのほかに、テクノロジーを活用するのも一つの手です。先ほど、ウェアラブルデバイスについて説明しました。ウェアラブルデバイスで測定できる睡眠状況等の身体活動の変化は不調のサインです。ぜひ活用していただければと思います。

ここでさらに一つ、スポーツ界のトップカテゴリーからジュニアレベルまで広く知られているツールを紹介し、今後の使い方のアイデアを述べたいと思います。**「ONE TAP SPORTS（ワンタップスポーツ）」**です（https://one-tap.jp/）。ONE TAP SPORTSは、現在、ラグビー日本代表をはじめとする日本代表では26競技、プロチームを中心に国内外で71競技、1700チーム以上に導入されているコンディショニング管理ソフトです。コンディション機能・インジュリー機能などを備えています。

疲労度、体温、睡眠時間などのデータを毎日入力することで、自動でグラフ化されます。一目でコンディションを把握することができます。

図15：ONE TAP SPORTSの実際の画面

画像提供：株式会社ユーフォリア

主にパフォーマンスの観点から、これらのコンディショニングのデータと試合や練習を通じて得られる行動データ、さらに食事メニューやケガの状態などを組み合わせて分析され、トレーナー・コーチ・監督等の指導者が選手へ適切な指導やアドバイスをするのに活用されています。

これまでアナログでの情報収集・管理・指導が主流だったスポーツの現場において、アスリートのコンディションなどさまざまな情報を「見える化」して、コンディション管理・ピーキング・ケガ予防がサポートされるようになった画期的なサービスです。[20] このように現場で取得され蓄積されているデータは、メンタルヘルスケアの観点でもとても重要だと考えています。特にコンディショニング関連のデータ（日々蓄積される疲労度、体温、睡眠時間など）は、チームのコンディション等の環境要因も併せて検討することで、個々のメンタルヘルスの状態変化との関連を将来は予測もし得ると考えています。すぐに未来予測までは難しいにしても、メンタルヘルス指標との関連は導くことができるはずで、もしチーム等の集団内に不調者（メンタルヘルスのコンディション不良）がいた場合には、環境としての改善点を考える機会と捉えることもできるでしょう。

3　話を聴く

「声かけ」も大切、話を聴くことはもっと大切

第1章でも触れましたが、メンタルヘルス不調はさまざまな要因が絡み合って起きます。

そして、日々のストレスに上手く対処できず積もっていった結果、閾値を超えたときに症状

が現れます。これは、脆弱性ストレスモデルを用いて説明しました。

アスリートには怪我や調子のよし悪し、ライバルとの競争など、約640種類ものストレスがかかっています。スポーツに取り組む子どもたちも同様に日々さまざまな種類のストレス要因が周囲に存在しています。

では、既に何らかの不調が現れていて、明らかにケアが必要そうに見える子や不調のもとになるようなリスクを抱えている子どもたち――調子が悪い選手、怪我をした選手などにはどのように接したらよいのでしょうか。

普段と違って元気がない、困っている人を見かけたとき、こういった場面では「何か励ます言葉をかけよう」「何か相手にいいことを言おう」「一発でコロッと元気になるような一言はないか……」と、どのように声かけをするかをまず考える人が多いのではないでしょうか。

ただ、何か声をかけて、その人に何かを与えるよりも優先すべきことがあり、それが**話をじっくりとゆっくりと聴くこと**です。その人が溜め込んでいる考えや思い、大きな荷物を下ろしてあげて軽くすることです。

「こうした方がいいんじゃないか」とか「そうじゃないよね。こっちが正しい」と、すぐに結論づけてしまったり、本人の考えていることやこれまでしてきたことを否定することは望ましくないでしょう。特に思春期の子どもたちは周囲の大人の言動と行動の影響を強く受けるので、大人の対応・振る舞いにはなおさら注意が必要です。

まずは本人が何を考えているか、どのような不安を抱えているか、どうしようと考えているのかを言葉にしてもらうことです。ただ、最初から無理矢理に聞き出すのではないという点には注意です。何か大きな原因があって暗い表情をしているんだ、この1つの大きな原因を一気に取り除くために、何とかしてその原因を知りたいと思うことがあるかもしれません。知らず知らずのうちに、とにかくその原因を探るために質問責めにして聞き出そうとしてしまいがちです。しかし、子どもが、たとえ大人であっても、自分が考えていることや心の様子を人に説明できるように言葉にするのは難しいことで、特に、不調を抱えてうまく頭が働かないときは、ほとんど何も言えなかったり、ポツポツとしか言葉にならないでしょう。聞き出そうとされればされるほど、焦ってしまい、自分の言葉を見失ってしまいます。聞き出し方によっては、なんだか責められているように感じる場合もあります。

もうそれ以上、コップに水は注がないで

まずは話を聴いて、その課題の背景を知ることが大切です。不調を決定づけるような大きな原因があるのだと思いがちですが、さまざまな要因が複雑に絡み合っている場合がほとん

どです。特に、何かしらの不調の症状が出ている場合には、その要因を1つに限定することはできないとも思います。本人の周囲には、競技によるストレス、個人的ストレス、組織的ストレスによるもの、どんなものがあるだろうか、落ち着いて聴いてみてほしいです。

周囲に不調に苦しんでいる仲間がいると、何かしてあげたいけど、どう接していいかわからないと思い、距離をとってしまいがちです。「あの人は調子が悪いみたいだから、声をかけないほうがいいんじゃないか。そっとしておこう」。そうした周囲の配慮が、結果的に孤立につながってしまう場合があります。誰も気づかないうちに重症化することもあります。

普段通りに「おはよう」「こんにちは」「How are you?」と挨拶して、話しかけてみてください。心配しているよ、寄り添っているよという態度を示すだけでも孤立を防ぐことができます。また、普段とは異なり元気をなくしているように見えると、ついついポジティブワードをかけたり、いい言葉を言いたくなります。その人に、何か画期的な視点、新しいものを提供しないといけないという気持ちになります。

しかし、文字通り「いっぱいいっぱい」の状態では、どんないいことを言ってもらっても、取り入れることはできないでしょう。心のキャパシティをコップに見立てると、もう心のなかのコップは満杯です。それ以上、外から水を入れてしまったらあふれだしてしまいます。なにかを付け足すのではなく、言葉はなくても寄り添って、その人が溜め込んで胸に詰まってるものを出せるような時間をつくることがよいでしょう。自分の心の余白をその人に貸してあげる、水を少し分けてもらうようなイメージです。大きな悲しみを抱えているのであれば、しっかり悲しめるまで待つこと、いっぱいになった心の様子を口に出せるような環境をつくってみてください。

心の様子・状態を言葉にすることで、直面している困難に気づくきっかけになります。言葉にする作業とは、つらさや苦しさの心の様子の輪郭をなぞることです。言葉にする前は全体像がわからなかったものも、言葉にすることで、「あ、思ったよりも小さい」「きちんと把握できる大きさだった」と気づけて、具体的な対応に移すことができるのです。

劇的なものには副作用がある

誰か、あるいはチームとして全体が落ち込んでいるときに、一言で生まれ変わったように前を向ける声かけはあるのか。こういう質問をいただくことがあります。

野球の甲子園や全国高校サッカーなどの大きな大会では、勝利を逃したチームのベンチやロッカールームの様子が映し出されることがあります。悔しがる選手に、監督やコーチが感動的な言葉をかける。心動かされるシーンです。

一視聴者として、指導者の言葉と選手たちの表情から、そこに至るまでのプロセス、構築された信頼関係に想いを馳せることができます。ここで注意したいのが、テレビで映し出される名シーンは、長い間かけて醸成されたチーム環境のうちで切り取られたほんの一瞬だということです。それまでに築かれた選手と指導者の関係性があって生まれた言葉であって、そういった言葉が必ずしも、どのチーム、あるいは個人にも最適かというと違うように思います。

何か一つの声かけで雰囲気が生まれ変わること、仮にそういう大きな変化を起こす革命的なことができたとしても、その**極端に起きた大きな変化は、その後の反動や別の部分での副作用が大きく現れるはず**です。

チーム全体で何だかうまくいかない……と感じているとき、落ち込んでいるとき。チームや組織に所属していたら似たような経験があると思います。そんなときに、強い言葉をもった強力なリーダー・トップの存在は、集団としての統率をとり判断を早くするには有効かもしれません。しかし、誰かしらを排除することにつながるという副作用もあります。

そこで、メンタルヘルスの観点から推奨したいアプローチは、一人ひとりの考えや心の様子を言いやすい・表現しやすい環境をつくることです。お互いの話をじっくりと聴く、それを全員で行う。言葉では上手く論理的な説明にならない人も、別の方法で表現できるようにする。これにより、それぞれが自分自身の価値を感じられて、安心できて、信頼されていると感じている環境を創る。そうすることで、個々が力を発揮しやすい状況を生むでしょう。ゆっくりかもしれないけれどチームの力が高まる方法だと思います。

実際には、「今、自分のこと、考えていることを話そう」と急に言われても、みんなが大勢の前で話し始めることはなかなか難しいでしょう。学校でもスポーツ界でも、職場でも、自己表現の機会があまり多く用意されていない日本では、苦手な方が多いと思われます。

そんなときに、リーダーの立場にある人間から、自分の心の様子を話すことで話しやすい雰囲気ができるでしょう。そして、このときのおすすめは、強さを強調するストーリーよりも、弱さをさらけ出すことやエピソードが効果的でしょう。弱さでつながる仲こそ強いのです。これについて、詳しくは終章でご説明します。

大人が自分の気持ちを話すことが話しやすい雰囲気を生む

子どもの部活動、あるいは競技チームでは、ミーティングの場では監督や顧問が中心になって話をすることが多いと思います。職場では、上司・所属長がその立場です。

しかし、そういった立場にある人は自分の心の様子を多くは語りません。進捗を機械的に管理するマネージャーはいるけれど、本当のリーダーはいない状況と言えるかもしれません。だからこそ、リーダーの立場にある人間が、心の様子を開いてほしいと思っています。強くなければいけないというイメージが蔓延っている社会で、リーダーが自分の心の様子を話すことで、「あ、話していいんだ」とメンバーに気づいてもらえるでしょう。

先ほどのロッカールームでのシーンに話を戻すと、**指導者が自分の気持ちをさらけ出しているチームほど、メンバーの心の様子の表現も豊かなように感じます**。自分のなかから出てくる、率直な言葉が届き、日頃から心を開いたコミュニケーションができていて、信頼関係が築けているのかもしれません。

これは私自身の経験知でもあります。中学生時代のバスケ部でのエピソードです。全国大会に出場するような強豪校ではなく、一般的な公立中学校の部活に所属していました。当時の監督や顧問の先生は、普段は勝ちだけにこだわらず、とにかく自分たち全員が、試合に出ていても出ていなくても、楽しいゲームにしようと指導をしていました。

ある大会で、楽しいゲームを目指したものの、試合に負けたとき、実際にはとても悔しく感じ、私たちは涙し、監督・顧問の先生まで涙を流したことがありました。当時、私はキャプテンをしていたのですが、試合後に、監督から「もっと勝ちにこだわって指導すればよかったのだろうか」と相談を受けたのです。とても驚き、そのときの様子を今でもよく覚えています。負けて落ち込んでいるメンバーを見て、「自分は子どもたちのためにどうしたらよかったんだろう。自分の指導方法について子どもたちのために改善できる点があるだろうか」と心を開いて話して、私に意見を求めました。

そのときに、私がどのように答えたのかははっきり覚えていませんが、中学生の自分なりの意見を話したのだと思います。その後のミーティングで、監督は改めて自身の気持ちをほかのメンバーにも伝え、そして、子どもの気持ちも聴いていました。

「本当に楽しく試合ができる経験ができたらそれでいいと思っていたけれど、負けて落ち込んでいるみんなを見ていたら、心が苦しくて、勝つことも大事なのかもしれないと感じています。みんなはどう思いますか？」と。

当時の監督とは、大人になった今でも連絡を取り合っています。

一般論として、普段から近い距離にあって良好な関係を築いている人には、心の様子を打ち明けやすいでしょう。ここでいう良好な関係とは、日常の様子をよく観察し、お互いに「わかっているだろうな」「知ってくれている」という感覚がある場合です。この理解は、メンタルヘルスの不調時にも同様で、日常会話の中からその変化を察知しやすく、分別された症状ではなく、生活上の困難として相談できるでしょう。精神医療の専門家につながった場合やその後の回復プロセスにおいても、そのケアや治療の過程で、その人の日々の様子をよく知る人からの情報や関係性は重要で大いに役立ちます。

4 心の様子を表現する

子どもが自分の気持ちを話せないという悩み

話を聴くことの重要さに気づき、それを丁寧に実践してみると、気がつくことがあります。「子どもは自分の気持ちをなかなか話さないし、話したい気持ちがあっても話せないこともある」。大人の場合でも同じでしょう。その上で、子どもが話をしようとするときに周囲の大人はどのように振る舞うとよいでしょうか。聴く姿勢と聴くための環境づくりは非常に重要で、特に、不調を抱える子どもから話を聴くためには、話をするための環境づくりには丁寧な配慮が必要です。

「自分の気持ち（心の様子）を話せない」には、話したくないという意思の障壁と同等、あるいはそれ以上に、話すための表現スキルとして、心の様子を表す言葉をもっていないという課題が大きいように感じてきました。子どもも、大人も、どのようにしたら自分の心の様子について表現できるようになるか。どのように心の状態を表す言葉を増やすのかについて考えてみたいと思います。

子どもに身につけさせたい自己観察力

日ごろから、周囲の人を観察することの大切さと同じくらい「自分についても普段の自分とは？　その普段の自分とは違っていないかな？」と自己観察することが大切な意識だと思います。

例えば、いつもと同じ道を同じペースで走っているときに、なんだか思うように走れない。足に違和感がある？　スポーツをしている人ほど、敏感に気づくことができます。スポーツや部活動の練習の場では、身体の痛み（変化）と同じように、心の痛みの変化にも気づこうと伝えてもよいかもしれません。

自己観察するときのポイントは定点観察がいいと思います。足の違和感は、普段からしているトレーニングの中で、常に走っているからこそ気づけるものでしょう。楽器の演奏やダンスでも同じです。文章を読んだり書いたりする作業にも当てはめて同じことが言えるはずです。

身体の違和感や変化への気づきと同じように、自分の心についても定点観察するためのポイントを決めておきたいです。朝起きたときの気分、練習前の気持ちなど、普段と今日を比較するための自分なりのポイントをもつこと。ミスをしたときに、いつもはどのくらい落ち込んでどのくらいで切り替えられているのかという観点もあるかもしれません。そういった経時的な心のモニタリングをコンディショニングの一つとして、言葉で記録することがおすすめです。似たような形で存在するのは日記ですが、心の様子を客観的に捉えて記述しようとする点で少し異なります。

経時的な心のモニタリングをしていると、ある出来事（きっかけ）で自分の心の状態（様子）に変化があったことに気がつくようになるでしょう。その分析を詳細にすることで、自分の心の様子を言語化する力が育つ。そう考えています。

詳細な分析の観点には、５つあります。

①「出来事（きっかけ）」何があったのか。

②「考え」その出来事を受けて何を考えたのか。

③「感情」そのときにどんな気持ちが生じたのか。
④「身体」このとき、身体に生じた変化はあったのか。
⑤「行動」その反応として、どんな行動をとったのか。

例を出してみます。心がざわざわするようなエピソード例です。

「チームのメンバーから相談を受け、その訴えをチームのマネージャーに伝えたが聞き入れてもらえなかった」という「出来事」。そのときには「メンバーが相談してくれたのに、何もできなかった。もう信頼を失ったかもしれない」と考えた。そして、「怒り、悲しみ、焦り、不安」を感じた。さらに、「身体」の変化として、「貧乏ゆすりをして、緊張して力んで肩が凝ってしまった」。「行動」として、「この出来事を忘れようとたくさんのお酒を飲む」「自分に相談したメンバーを呼んでこのイライラをぶつける」です。

このように「出来事」「考え」「感情」「身体」「行動」で分けて、言葉を使って記録を続けていると、そのうち自分のことが客観的に捉えられるようになってくるはずです。さらに、その客観視の習慣化が自身のセルフケアとして、「マネージャーはたまたま忙しかったかもしれない」あるいは「メンバーと別の方法を考えてみよう」というような考えの変化、また行動では「別の仕事に取りかかったり、健全なストレス対処方法を取る」などに大きく変わってくることも期待できます。

ちなみに、この心の様子を記録する際に、難しいのは「感情」面を表現する言葉選びです。自分のそのときの感情を的確に表す言葉が見つからないことも多いと思います。心の様子を表現し記録することを習慣化して、辞書を片手に感情を表現する言葉探しを続けること自体も、現在と未来のセルフケアにつながるかもしれません。

経時的な心のモニタリング、心の様子の言語化をすることはセルフケアにつながりますが、より有効なのは、なかなか見えない心の様子を他者と共有できるようになり、他者からの適切なサポート、協力を得られるようになることです。不安や悩み、メンタルヘルス不調・障害も、生活上の困りごとやフィジカルヘルスでも何でも同じで、早くに気がついて、早めに適切な対処をする方が、スムーズで良好な改善・回復が期待できます。複雑化してから、重症化してからの対応は大変です。

重症化を防ぐために大切なこと

メンタルヘルス不調で症状が重くなると、当人は目の前にある大きな問題について「これが唯一の原因で、これさえ解決されればよくなるのに」と思えてくることがあります。不調・

障害は複雑に絡み合って起きるものですが、一つの目立つ要因にこだわりをもち、なかなか解決されないと視野をどんどん狭くしてしまいます。

そういったときに治療者である精神医療の専門家がゆっくりと時間をかけて話をすることで、思考が整理され、実は全く違うところに関連している要因に気がつくことがあります。元々比較的取り除きやすいストレス要因がこちらにあるので、まずはそちらを解決してみませんか？　ということがあります。複雑に絡み合う前に、取り除きやすいものから取り除くことです。

重症化してからの対応は何事でも大変だと言いました。ここで言う「大変」という言葉について、さらに掘り下げれば、困難感（問題）を抱えている本人も周囲の人も、話す側も聴く側も、双方の労力が大きいということです。

問題が大きくなってからでは、話す方は一つずつ「こういうことがあって、こういうことがあって、こういうことがあって、こういうことがあって」と多くの出来事を振り返りながら時間をかけて話さなければいけなくなります。メンタルヘルス不調・障害があるときは、その症状も重なって思考を整理することが難しく、うまく伝えられないことが多くなります。文章になっていなかったり、まとまっていなかったり、ポツポツとぶつ切りになりがちです。

それを聞き手が再構成して「こういうことですか」と聞いていくと、また新しい言葉が出てくる。そういうことを繰り返すので、通常時よりも時間がかかります。相談は1度で終わらない、むしろ1回だけで終わらせるのは不可能でしょう。そういう意味で、話を聴く側に立ってみれば、話を聴くことには大きな労力を伴うことになり、大きな問題が急にドンと出てくると、相談にのるハードルも高くなってしまうでしょう。

もし、心の様子やその周辺にある状況を、普段から小出しにできる関係・環境があれば、「普段の自分」がその人の周囲の環境も含めて、自然に共有されています。自分のことをあれこれ知っておいてもらうことで、あのときの出来事が背景にあるのかもなど、話を聴く側が心の様子を推察する材料も増えるはずです。

他者と話をすることは、頭の中にあるものをゆっくりと言葉にして外に出して、心の様子を他者と共有する形に変える作業とも言えます。私自身もそうですが、話すときには状況を思い出し、言葉を選んで、一つずつ紡いでいきます。誰にとっても難しい作業ではありますが、だからこそ、会話の中で考えや感情など心の様子が共有できたとき、心が通じた瞬間は両者にとって、心地よい関係が生まれるのでしょう。普段の他愛もない会話、雑談の中で、心の様子を小出しにしたいものです。

気兼ねなく話ができる環境を用意することは、問題解決に向けたアプローチにもなりますが、何よりも相談者が、自分のために時間を使ってくれている、自分には価値があるんだと認識できる機会として効果があるのだと考えています。

スモールチャット（Small Chat）という言葉があります。何が目的というわけでもなく、ランチに行ったり、公園やカフェに行ったりして行う、雑談です。この雑談自体が日常的なメンタルヘルスケアになり得るでしょう。

例えば、職場での雑談を「無意味だ」と一刀両断する人や会社をたまに見かけて残念に思いますが、私は雑談・スモールチャットはとても大切なもので、価値があり必要な営みだと考えています。効率や成果を求めがちな社会ですが、雑談を見直し、いかに雑談しやすい環境をつくるかをメンタルヘルスの観点から考えてみたいです。

子どもの部活動、監督や指導者と子どもの関係にも、こういったスモールチャットを意識したいです。「今日は天気がいいね」「日が暮れるのが早くなったなあ」など、ありきたりな天気の話でも話題はなんでも構わないでしょう。最初は、子どもが緊張して、「はい！」など堅い返事しかしないかもしれません。しかし、いつも近くにいて、笑顔で挨拶をしてくれる、気さくに声をかけてくれる、よく見る顔は、滅多に見かけない人よりも当然話しやすいでしょう。いつも顔が見えるところにいて、親近感をもってもらえるよう振る舞うことは、それだけで大切なアプローチです。

チームで簡単にできる取り組み

先ほど、個人でできる心の様子のモニタリングと言語化の方法を紹介しました。

では、チーム（集団）でできる方法はないのでしょうか。自分の心の様子・気持ちを言葉にして話すために効果的な方法について、高校野球部で指導者を務める学校の先生にお話を伺いました。素晴らしいヒントをいただいたのでここで共有したいと思います。

よくあるミーティングといえば、リーダーの立場のメンバーが一人で話している場合が多いようですが、そのチームでは、生徒だけのミーティングの時間をつくっているそうです。「そのミーティングでは、生徒全員が話をできているんですか？」と失礼にも尋ねたところ「できている」そうです。よくよく話を聞いていくと、生徒だけのミーティングがたとえうまくいっていなくても、大人はすぐに口を出さずにとにかく見守っているようでした。指導者は、自分の考えについて話をすることの価値や意味を子どもたちに継続的に伝えることに注力しているそうでした。

たった1回のミーティングで、そのときに全員が話せるようになることは求めていない。先ほどのチームを劇的に変える声かけはないという話にも通じることで、焦らず、でも継続的に働きかけること、大人が長期的なプロセスをもっていることが、大切であるということなのでしょう。子どもの中に大人が入ると、大人は正解のようなコメントを求められ、自分の言葉を正解として提示したくなりもします。子どもが自分の考え・気持ちを述べるためには、待つ・離れる・子どもだけの環境にすることが大切です。

子どもとともに学べる環境を

個人の行動や思考、態度は、周囲にあるいろいろなものが絡み合って生まれます。自分のなかの信念や知識のほか、周囲の人がどう考えているかを見ている自分もいますし、さらに所属しているコミュニティでのルールや雰囲気が反映されます。

メンタルヘルスについて、普段から、オープンに話すことができる環境をつくりたいです。子どもだけでなく、大人も常に学び、考え方のアップデートをする必要があるでしょう。これからは、学校の授業で、最低限のメンタルヘルスリテラシーを身につける子どもの方が大人よりも知識と情報をもっているという前提に立つべきでしょう。保護者や大人がメンタルヘルスについて教えるよりも、一緒に学ぶ感覚、むしろ子どもから教えてもらって、大人に必要とされる知識や態度・行動を身につけていくという方が正しいように感じています。

親を含め周囲の大人は、聖人君子ではありませんし、私自身で言えば現在37歳にして、子どものころはこの年齢になれば、漠然ともっとしっかりしていると思っていました。実際には、全然そうではなくて、むしろ大人になった今の方が不安とか悩みを抱えていて、相談したくてもできない、心の状態を話したくてもなかなか開示できないと思っているくらいです。そういう悩みも大人から子どもに話をしてみるといいかもしれません。子どもも一緒に考えてくれて、それ自体がオープンに話す環境をつくることにもつながるでしょう。

＊＊＊

この章では、メンタルヘルスケアの具体的な実践方法を紹介し、最後には子どもにどんな力を身につけてほしいかということにも触れました。現在と未来のメンタルヘルスケアとして、子どもたちに身につけてほしいのが、聴く力と話す力でした。これは立場が違うだけで表裏一体です。話を聴ける人、自分の言葉で話ができる人に育っていってほしいと願っています。そのための、環境づくりが求められます。

子どもたちの話をまっすぐ聞く。本人の発言を認め、話を聴くことは、本人の存在を認めることです。これができる大人が増えるほど、子どものメンタルヘルスにとって心地よい環境と言えるでしょう。

ここまで読んでくださった方なら、環境やメンタルケアの重要性を認識してくださったことと思います。「子どもにとって、よいスポーツ環境をつくりたい！」と思ってくださる方も多いのではないでしょうか。

一方で、環境を変えることはとても難しいことでもあります。それがご自身ではなく、子どものスポーツ環境となればなおさらのこと。加えて、あなた一人ではなく、さまざまな考えをもった人が関わります。

他者と向き合う中で挫けそうになることもあるでしょう。どうやって変えていけばよいか迷うこともあるでしょう。「はじめに」で述べたように、唯一の正解はありません。葛藤や悩み、迷いの中で向き合い続けることでしか、新しい未来はひらけません。

こう述べると、なんだか暗い未来が待っているように思えるかもしれませんが、そうではありません。あなたには仲間がいます。最後に、よりよいスポーツ環境づくりに取り組む人々の紹介と、まさにいまもがいている私自身の実践をお伝えし、みなさんへのエールを送ります。

終 章

子どもたちに
新しいスポーツの未来を

変わり始めたスポーツ界とともに

本書を手に取ってくださったみなさんは少なからず、ここまでに触れてきた「体育会系」なスポーツ界、あるいは日本社会に問題意識を抱いていらっしゃるのではないかと思います。文化という漠然としていて、かつ大きなものに対して、どのように立ち向かい、よりよく変えていけるのか、難しさを感じる方も少なくないでしょう。

そこで、実際にスポーツ界が変わり始めている例を2つご紹介します。主にトップアスリートたちが中心になって、さまざまな活動を始めています。そこでは最新の知見や胸に迫るメッセージの数々が発信されていて、きっとみなさんのお役に立つヒントが秘められているはずです。

①PDP——第三者による継続的な支援

閉鎖的なスポーツ界の環境に風穴をあけるための取り組みとして、注目しているものの1つにPlayer Development Program（ＰＤＰ）があります。世界各国の、主にラグビーやクリケットの選手会で導入されており、特にニュージーランドやオーストラリアで広く実施されています。選手の包括的なサポート（キャリア構築や私生活上の問題、メンタルヘルスなど）を目的に、選手のプレー面に限らず、「アスリートもひとりの人間である。“Better people make Better player.”」という理念にもとづいて包括的な支援が行われています。

ＰＤＰでは、ＰＤＭ（Player Development Manager）と呼ばれる担当者がアスリートにつき、さまざまな形でコミュニケーションをとりながらサポートしていきます。主な支援の項目として「キャリア教育」「財務管理」「メンタルサポート」などがあり、総合的なウェルビーイングを重視されています。個別面談やグループワークなど多様な形式でアスリートのニーズと効果的なアプローチを検討し、選手にとって身近な存在として寄り添います。

ＰＤＰが広く導入されている国では、将来なりたい仕事としてＰＤＭをあげる若者もいるほどです。学術知見としても、このＰＤＰの実施がグラウンド内での選手のパフォーマンスの向上や競技寿命が長いことに関連していたという有効性が示唆されています[1]。

日本でも、私も支援させていただいている一般社団法人ＪａｐａｎＰＤＰ（２０２２年設立）がＰＤＰの研究と日本仕様化に取り組んでいます（https://www.japanpdp.com/）。国内でのトライアル、また、海外での実践例から[2,3]、ＰＤＰの有効性の鍵は、チームスタッフやチームメイトなどの利害関係のない人と話す機会があることだろうと考えています。実際に、トライアルでは「これまでの競技のみの環境では他者と共有できなかった不安や悩み等の心の状態を話す機会になった」という声が多く聞かれます。

話題を限定することなく、定期的に話す機会を設定することは、ＰＤＰの特徴の一つで、心の安心や安定、メンタルヘルスケアとしての機能も期待できるかもしれないと考えています。利害関係のない立場にいるＰＤＭだからこそ、今抱えている疑問や不安等を話すことができるのでしょう。この点は、トップアスリートだけでなく、ジュニアアスリートや部活動の子ども、また保護者のみなさんでも同様でしょう。

ＰＤＰが日本にフィットする形でノウハウを貯めることができれば、今後、部活動などで活用することができるはずです。

②１２５２プロジェクト——女子アスリートへのサポート

国内ではなかなかケアされてこなかった、女子アスリートへのサポートを強化する取り組みも始まっています。いま、特に注目を集めているのが**「生理×スポーツ」の課題と向き合う教育と情報発信プロジェクト「１２５２プロジェクト」**です（https://spo-tome.com/1252-top/）。

１２５２の由来は、52週（1年間）のうち約12週は生理が訪れることにあります。１２５２ってなんだろうと思いましたね。このプロジェクトが、もし「生理」や「月経」と題したプロジェクトだったら、自分には関係ないと感じてしまうかもしれません。こうした啓発プロジェクト、特にタブー視されている課題に取り組むものについては、まず疑問・関心をもつことからのスタートになります。その意味で「１２５２ってなんだ？」と自分事として考えづらい、あるいは抵抗感のある男性にも関心をもたせるプロジェクト名である点が素晴らしいと思いました。

この１２５２プロジェクト、元競泳日本代表のオリンピアンの伊《い》藤《とう》華英《はなえ》さんが中心となって取り組んでいます[4]。競技引退後、ご自身の競技選手としての経験を踏まえて、研究[5]に取り組まれている中での実践です。日本では長らく生理は個人の問題で、誰かに相談したりするのは気が引ける、恥ずかしい、タブーといった風潮がありました。そのような閉塞感に風穴を開け、社会全体が生理に対して正しい知識を共有し、適切な対応ができる環境を作っていくことは、スポーツ界だけでなく一般社会においても重要でしょう。華英さんが中心となり、多くのアスリート等、さまざまな人と共に、学校や企業、自治体等で授業や講演を行っています。

そのほかには、メインターゲットである大学生に親和性の高いＳＮＳでの教科書配信など行っています。２０２４年には、女子トップアスリートの指導者をはじめとする、女子スポーツ関係者に広く知識を身につけてもらうことを目的とした「１２５２公認 女子アスリートコンディショニングエキスパート検定」の実施が開始されています。[6]１２５２プロジェクトがさらに広く知られ、メンタルヘルスリテラシー（Mental Health Literacy）と共に、生理・月経の知識（Menstrual Health Literacy）[7]が、誰にとっても必要なリテラシーとして根づくことが期待されます。

弱さをさらけだせる社会へ

メンタルヘルス不調・障害には誤解や偏見、差別があります。感情的な嫌悪感が含まれ、そのイメージは社会の至るところに蔓延っています。専門用語では、スティグマといい、その歴史は古く、もともとは古代ギリシアで「身分の低い者」や「犯罪者」などを識別するために体に強制的に付けた「印《しるし》」に由来します。スティグマは個人の行動、人付き合い等の社会関係、社会制度をも変化、制限するように働きます。日々の生活や健康状態や行動にも悪い影響があることが数々の知見にもとづいて問題視[8–10]されています。

国内のスポーツ界、学校教育・医療・企業などあらゆる社会には、誰もが悩み、不安な気持ち、ときにメンタルヘルス不調を経験しているのにもかかわらず、そういった心の様子を人に語るのは「よわい」人間がすること、というイメージがあります。メンタルヘルス不調

図16：「よわいはつよい」プロジェクトサイト

ぜひ右の二次元コードよりご覧ください。

をきたした人に、また誰かに心のことを相談しようとする人に対し、「心の弱いやつがすることだ」とレッテルを貼り、チームや組織から遠ざけたり、腫れ物扱いをしたりする光景が見られてきました。こういった態度や行動は、人々の健康や幸福にとって大きな障壁になります。

そのような現状を変え、**「誰もがよわさをさらけ出せて、よわさを受け容れられる社会」をつくる**ことを目的に2020年に日本ラグビーフットボール選手会との共同プロジェクトとして始動したプロジェクトがあります。私もメンバーとして関わっている、「よわいはつよいプロジェクト」です。当時の選手会長だった川村慎《かわむらしん》さんとコピーライターの吉谷《よしたに》吾《ご》郎《ろう》さんを中心メンバーとして、弱さをさらけだせ、弱さを受け入れられる社会を実現するために活動をしています。

私がスポーツ界のメンタルヘルスにここまで関心をもち、取り組むようになった大きなきっかけは、この「よわつよ」だと言っても過言ではありません。このプロジェクトでは、「自分の心の様子を言葉にする」、「心の様子を語れる環境づくりのために誰もができることがあること」を世の中に発信しています。「よわつよ」で語られるさまざまな言葉や、活動で感じる手ごたえが、私をここまで連れてきてくれたように感じています。

「よわつよ」にはきっと、子どもたちによりよいスポーツ環境を提供したいと思っているすべての人を勇気づける可能性が秘められていると信じています。最後に、私のライフワークとも言える「よわつよ」についてご紹介し、本書を閉じたいと思います。

「よわさ」の交換が「つよさ」になる

「よわつよ」のＷｅｂサイトを見ていただくと、ラグビー日本代表として活躍する堀江翔太選手や姫野《ひめの》和樹《かずき》選手らが自身の心の状態について語った対談・インタビュー記事を公開しています。記事を公開したときには、ラグビー選手だけでなく、他競技アスリートや周囲のスタッフ、ファンもコメントをし（中には自身の経験を添えて共有してくださる方もいました）、スポーツ界ではタブーともされてきたメンタルヘルスについて語られる機会をつくることができました。

そのときに寄せられたコメントはそのほとんどが好意的なものでした。この一連の様子は、精神医療の専門家が同様のメッセージを発信する場合とは明らかに異なっていて、それ自体が私にとってはとても興味深いことでもありました。

アスリートがメンタルヘルスについて語ることには、アスリートは屈強な身体に強靭な精神を備えると信じられているがゆえの驚きがあるように思います。しかし、それ以上に、多くの人に愛される堀江選手や姫野選手によるメッセージが、これまで他人事にしておきたい（ある種、嫌悪の対象でもあった）メンタルヘルスの話題であっても、寄り添いたくなるものに意識が変換されたのだと思える出来事でした。それまではメンタルヘルスについて特に関心がなかった人が関心をもつようになったかもしれない、自分や周囲の環境のために何かできることがあると考えた人が増えたかもしれません。嫌悪と愛好は反意語ですが、「よわいはつよい」という表現のように、実は表裏一体で、きっかけさえあればコインが裏返るように、他人事から自分事に変わる可能性があるのかもしれません。

そもそも、なぜ「よわつよ」が強さではなく、弱さに着目し、発信を行っているのか、立ち上げ人の一人、吉谷吾郎さんはHPでこのように説明してくれました。

「誰もがよわさをさらけ出せて、よわさを受け容れられる社会へ」

それが「よわいはつよいプロジェクト」のビジョンです。とくに後半の部分、自分自身の「よわさ」を受け容れる勇気、他者の「よわさ」を受け容れる愛こそが大事だと考えています。

「よわさ」は誰もが持っている。それをさらけ出すことは悪いことじゃない。みんなが「よわさ」を交換し合うことで、みんなの「つよさ」を活かし合う社会にできる。そう信じています。

そして、いつか「よわつよ」という単語が、「よわさはつよさでありつよさはよわさである」「転じて全ての物事はどちらかに優劣はなく表裏一体であること」という意味として社会に広く普及して国語辞典に載るくらい日常に馴染むような未来、さらには「YOWATSUYO」として「弱強」というシンボルマークとともに日本発の思想として世界にも普及する未来を目指しています。

堀江選手や姫野選手の「弱さの告白」が大きな反響を呼んだ理由が垣間見えるような気が

しませんか。**「よわさ」の交換をとおして、チーム全体の「つよさ」をつくりあげる。**そんなスポーツ界をつくる一助に、私が取り組むメンタルヘルスの研究が役に立てばという思いでいます。

小学校との交流で得た手ごたえ

「よわつよ」は、アスリートの心の健康・生涯の健康・幸福を築くという目的だけでなく、アスリートに情報発信の担い手になっていただき、これから社会を創っていく若者をはじめ、広く一般社会への貢献を目指しています。１２５２プロジェクトの伊藤華英さん、本書で対談してくださっている益子直美さんや為末大《ためすえだい》さんをはじめ、元ラグビー日本代表の主将を務めた廣瀬《ひろせ》俊朗《としあき》さん、カヌー日本代表の羽根田《はねだ》卓也《たくや》さんなど、多くのトップアスリートに応援していただいています。

こういったアスリートのメッセージ発信以外にも、ジュニアアスリートやその周囲の大人も安らげるような宿木のような場所や環境をどのように創れるだろうかを考え、そのような機会をつくることにも取り組んでいます。

「よわつよ」では、現役・引退後のアスリートが、子どもや若者、周囲の大人を対象に、学校や企業、自治体等でメンタルヘルスについて情報提供をしながら、どのようにメンタルヘルスの観点から心地よい環境が創れるのかを一緒に考えてきました。アスリートが自身の経験にもとづいて、心の健康維持やメンタルヘルス不調からの回復プロセスを含めた内容について、参加者を巻き込みながら対話形式でざっくばらんに話をしています。

とある小学校を訪問し、スポーツ×アート×メンタルヘルスのワークショップイベントを開催した[11]ことがありました。小学校からメンタルヘルス講演の依頼を受けたことがきっかけでした。学校の先生方と打ち合わせの機会をもち、「よわいはつよいプロジェクト」が訪問する目的について時間をかけてすり合わせしました。メンタルヘルス関連の課題が増え始める5年生でメンタルヘルスについて体育科保健で扱うこと、そして、私たちが大切にしている自身の考えや心の様子を表現することを体験する機会をつくるため、アートを専門にする図画工作の先生が力を貸してくださいました。こうして、図画工作と保健体育の科目の連携で「よわいはつよいプロジェクト」のワークショップが実現しました。

「自分の心の様子を伝えたり、友達の心の様子を知ろうとすることに前向きになれるきっかけをつくろう」、そんな願いを込めての開催です。

当日のワークショップには、アイスブレイクとしてラグビー体験のセッション、一緒に身体を動かすことからスタートです。現役ラグビー選手のタックルも体験しました。次に、心のストレスが身体の動きに与える影響を体験するワークです。子どもたち一人ひとりが紙に「嫌なこと！　ストレスに感じること！」を書き、ラグビー選手の体にその紙を貼ります。こんなにもたくさん、嫌なこと・ストレスに感じることを抱え込んでしまったら、動きにくくて、不自由だよね。ラグビーなんてできません。子どもたちに紙をとってもらって身体が軽くなった様子を見せながら、「これってどういうことだろう？　嫌なことやストレスに感じることを、みんなが取ってくれたんだ」「心の様子を人に話したり、困っている友達がいたら話を聴いてあげることって大事だよね」など考える機会を作りました。

アートのワーク「心のもよう――自分の感情や気持ちを色や形で描いてみよう」では、ラグビー選手と子どもたちで30メートルのロール紙に一緒に絵を描きます（写真）。みんな思い思いに、自分の心の様子を描いていきますが、なかなか描き始めることができない子どももいました。選手が一緒に筆をとることで、描き始められ、また、描き始めると、心の様子をダイナミックに楽しそうに描きます。身近な人の

後押しが力になることにも気がつきました。できあがるのは、30メートルのロール紙に描かれた子どもたちそれぞれの心の模様で、さまざまな色や形で自身の感情や気持ちが表現されていました。一つとして同じ形や色はなく、言葉だけでは、心の様子をうまく表現できない子どもも、描いた絵に込めた心の様子は具体的に教えてくれました。

　ワークショップの中では、アスリートが経験したメンタルヘルス不調についても本人から直接話を聞く機会もつくりました。その後アートを一緒に描きながら交流をしました。子どもにとって、自身の心の状態を他者に伝わるように整理して言葉で表現することは簡単ではありません。その意味で、**非言語のアートを用いることは、自身の心の状態を表現する助けになり得る**でしょう。実際に、参加した児童からも、言葉では表現しにくいことを、絵を描くことで表現できた体験が語られました。また、メンタルヘルスの話題はその言葉を聞いただけで「難しそう。面白くなさそう」と抵抗感をもって捉えられることがあります。アスリートと共に、座学だけでなく創造的な活動の中で学ぶことには、子どもにとって自分の気持ちや感情を表現し、他者と共有することが楽しいと感じられる機会になったと思います。

「よわつよ」の中心メンバーで、ラグビー選手の川村慎さんは「心と身体がつながっていること」と「自分の気持ちや心の様子を表現すること、人と共有することで起こること」を、身をもって知っていくことが重要だと言っていました。「身体を動かして赴くままに表現することの重要性と自分の心を内省するアプローチが実はどんなものでも構わないという自由さ」を再認識したと言い、「多くの子どもたちにとって自分を表現することが苦痛ではなく人のぬくもりをもって迎えられる社会になるよう進めていきたい」と今後を見据えています。

このような体験を、子どものころから重ねることで、心の様子を開示すること、不調のときに助けを求めること、困っている他者に手を差し伸べることにつながるはずです。アスリートが「よわいはつよいプロジェクト」のようなメンタルヘルスの啓発活動に参加することは、自身にとってもメンタルヘルスを学ぶ機会になります。今後もこのような活動を、よわいはつよいプロジェクトを応援してくださっているアスリートのみなさんとともに続けます。この本を読んでくださっているみなさまの学校やチームにも、いつかお邪魔できたらと願っています。

スポーツの可能性をひらく

これまで私はアスリートのみなさんとともにアスリートのメンタルヘルスの実態について研究してきました。学校教育をはじめ、隣接領域や分野とのつながりが深まれば深まるほど、スポーツというのは子どもから大人、高齢者まで、ずっと学び続けられる、とても教育的価値が高いものだと感じるようになっています。最もわかりやすいのは、**自分のことを知ることができるという価値**です。例えば怪我をしたら、それを治すだけではなく、怪我をしないための体の動かし方やトレーニング法、予防法を学ぶ機会にもなります。実際、トップアスリートは運動能力が高いだけでなく、そういった方面の知識も豊富です。だから高校生や大学生も、自分の人生に役立つような知識や経験を、スポーツを通じて身につけられるのではないかと思います。

そして、これまで何度も書いてきたことですが、勝利だけが目指すものではないということです。試合は「試し合い」と書きます。自分やチームをアセスメント（評価）する機会です。勝利だけにこだわるのではなく、勝利を目指すプロセスにこだわるなかで、いろいろなことを試せば、学びがあるはずです。大人がすべきことは子どもをよく観察することです。価値観を押し付けるのではなく、観察する。「全国体育会系社会」にいると、誰かの考えに合わせることを求められる場合も多いです。しかし、自分の価値観と異なる場合には、「なぜ？」という興味をもち、話を聴く、話をすることが重要で、それにはまず語り合える環境が必要です。

子どもと接するのは、大人にとっては、未知の世界の人々と交流する、異文化交流に似ているところもあるでしょう。話を聴くには、心を開いてもらうには、自分の心を開くことが重要です。親子の関係でも同じではないでしょうか。まずは自分のことをしっかり話す、そして子どもの様子や変化を見て、話を聴くことでしょう。まずは子どもたちがスポーツをどう捉えているかを聞いてみてもよいのかもしれません。最初は友達ができるからとか、楽しいからということで始めたスポーツですが、だんだん位置付けが変わってくることがほとんどでしょう。中高生ぐらいになると、受験や進学のためにやっているという人も増えます。さらに歳を重ねると、健康のためのスポーツ。そのようなライフコースの視点をもって、子どもにとってのスポーツのあり方を話題にし、本人の成長や変化を観察することもいいでしょう。

スポーツは社会との接点であり、コミュニケーションの手段でもあります。序章で日本人はコミュニケーションの中で、ほとんど目を合わさないと述べました。スポーツでは、目を合わせて、コミュニケーションをとります。フィジカルコンタクト、身体のぶつけ合いも多いでしょう。これは最も原始的で根源的なコミュニケーションでもあります。感情の表現が苦手だと感じている人の中には、スポーツをしているときや、スポーツを見ているときには、感情が動いていることを感じる人もいるでしょう。スポーツは、言語が違っても一緒に楽しむことができるものでもあります。スポーツを通じて感情や思考を言葉にすることで、多文化共生と共生社会ができあがっていくのではないかと思っています。

体育会系や閉ざされた部活動という話もしてきました。元々、閉鎖的な体育会系社会をつくることにある種加担していたスポーツですが、そのスポーツを通じて、個々が心を開き、オープンな環境・社会をつくる。誰もが生きやすく、社会の中で必ず居場所を見つけられるのだと考えています。オリンピック憲章には、「人間の尊厳の保持に重きを置く平和な社会の推進を目指すために、人類の調和のとれた発展にスポーツを役立てること」が掲げられています。スポーツがもつ社会の価値創造における役割は大きいと信じています。

——私たちは、弱さによって仲間とつながり、強くなれる。

為末大さんに聞く

心の様子を言葉にし、他者とつながる技法

プロフィール
為末 大 Dai Tamesue
Deportare Partners代表
1978年広島県生まれ。スプリント種目の世界大会で日本人として初のメダル獲得者。男子400メートルハードルの日本記録保持者（2024年3月現在）。現在はスポーツ事業を行うほか、アスリートとしての学びをまとめた近著『熟達論：人はいつまでも学び、成長できる』を通じて、人間の熟達について探求する。その他、主な著作は『Winning Alone』『諦める力』など

●「心」は派手に扱うと尽きてしまう

小塩　メンタルヘルスの課題にどう向き合うか。自分の気持ちに気づくこと、そして心の様子を言葉にして、他者とつながることが重要だと考えています。元・トップアスリートであり、考えを言語化し、「走る哲学者」と呼ばれる為末さんに、「心」の扱い方についてぜひお伺いしたいと思います。

　メンタルヘルスというと、病気のイメージを抱く人が多いようですが、自分にとって心地よい生き方ができているかというメンタルウェルビーイングも、メンタルヘルスに含まれるので、その点も意識される社会になることを願っています。

為末　医療の分野で診断がついた後の治療に関してはさまざまなアプローチがあるけれど、主観的な痛みに対してのアプローチがまだ弱いという話を聞いたことがあります。それに似ていますね。特に心の状態について考える場合、主観的なものが全てだという面がありますよね。

小塩　だからこそ、その主観的な心の様子を言

葉にして外に出して他者と共有できる形にして、自分も他者も受け入れられる社会へ変わっていくことが必要だと考えています。いままで教育界とスポーツ界の両方で研究してきましたが、「こうあるべき」という理想論や正解に依存する姿勢が強く、個人が心の様子を振り返る機会が乏しかったように感じています。

為末　『体罰と日本野球』（中村哲也、岩波書店、２０２３年）という本を読んでいますが興味深いです。この本によると、１９００年ごろから徐々に、いわゆる体育会系の文化がインストールされてきたことがわかります。それが現代まで残っているのだと思います。

私自身は体育会系の文化とは少し距離がありました。私の世代は、陸上競技に科学が一気に入ってきた時代です。

最初に陸上を教えてくれた中学の先生は教育学の先生でした。最初に「モチベーション」について書かれた紙を渡されたことを覚えています。三層に分かれた三角形の図で、最下層に「心」、その上に「体」、一番上に「技術」とありました。そのときに先生は「心が尽きたら終わりだから一番丁寧に扱いなさい」とおっしゃったんです。競技に取り組むうえで、一番大事なコンセプトは楽しいかどうか。その教えを大切にしてきました。

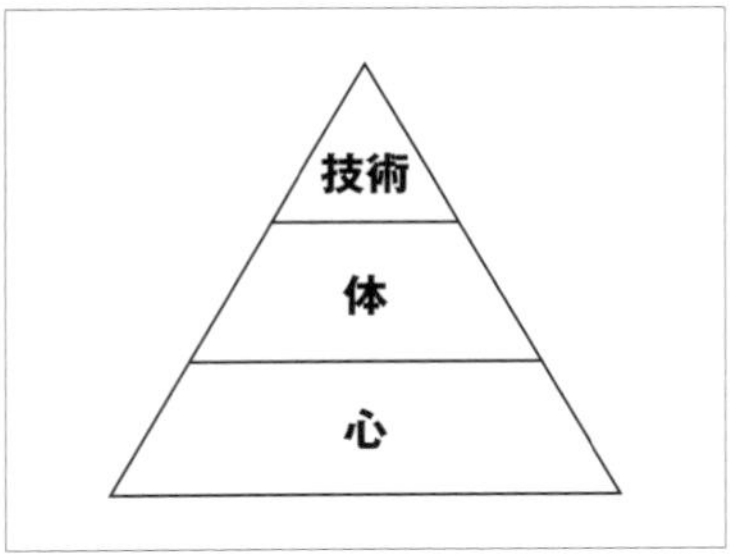

小塩　「心技体」は古くから言われる言葉ですが、円形などで心技体が並列の関係で示される図が一般的で、階層で示してあるものはあまり見

たことがない気がします。しかも、心が土台になっているんですね。
　私も為末さんの考えに賛成で、心という土台がゆるゆるになっている状態だと、なにか起きたときに総崩れになってしまう。現状は、心がゆるゆるになっていても、なかなか言えずに、周囲もそこは曖昧にして、上にどんどん積み上げてしまう。そのうち重くなりすぎて倒れてしまうことが起きがちですね。

為末　心はリソース（資源）だと思っています。鍛えるという性質のものではなくて、派手に扱うと尽きてしまう。流動的な流体のような柔らかいものだと捉えています。

小塩　「心はリソース」。おっしゃる通りですね。最近は「レジリエンス」という言葉が注目されていますが、この言葉の中にある、「しなやさ」や「困難からの回復」という意味に近いように思いました。

●閉塞感を打ち破る2つの大転換

小塩　講演などで規則正しい生活習慣によく言及します。食事と睡眠、運動の3つです。そういった日常の習慣が土台づくりに寄与する面が大きいと感じています。

為末　習慣の話でいうと「リズム」が司る部分は大きい気がします。リズムが崩れていると、ネガティブな心になるので、まずはリズムを整える。リズムの掴み方を日々少しずつ学習していっている感じがします。
　リズムを整えるためのいい練習になっていたと思うのが、先ほどの先生がよくしていた「楽しいか楽しくないか」という質問です。こういう問いを常に自分の近くに置いておくと「先生、楽しくない感じがする」が言えるんですよね。

この「なんか楽しくない」はそのまま放っておくと心が苦しい状態になる、その入り口だった気がしています。「楽しくない」を休む理由にしてよかったんです。

小塩　試合に勝ったり、成績が上がったりすることが楽しさに直結しやすい分、そこを拠り所にしやすいと思いますがいかがでしょうか。

為末　結果が出る楽しさはもちろんありますが、結果が出ても、次の日にはまた新しい1日が始まる。日常的な楽しさのほうが、実態に即していますし、より大事にしたいところですよね。

小塩　そういえば、試合という言葉は「試し合い」と書きますね。今までの成果や練習のプロセスを試すことができる場。そのプロセスを重視できたらと思うのですが、現状は試合での結果にすがる、依存するというスポーツ界になってしまっているのではないでしょうか。

為末　やはり、心の捉え方を転換していく必要があります。多くの人は、心は無尽蔵に湧いてくる油田のようなものだというイメージをもっている気がします。しかも、そこにハードなものを与えれば与えるほど、強いものになっていくという考え方が体育会の根幹にあるのではないでしょうか。だから、やる気がなくなったら練習量を増やせばいいという解決策を出してしまう。

さらに個人より集団を重視する風土も問題です。陸上は個人競技なので、ほとんど感じたことがないのですが、個人より集団がまず重要で、個人の気持ちは個人都合だから優先度が低いという話はよく聞くので、それは心の問題において大きな障壁だと感じています。

心は無限でなく有限で、柔らかいから大事に扱わなくてはならないということ。それから、個人の心を優先していいんだということ。この2点を転換できたら、非常に大きな変化が起きるのではないでしょうか。

●ただ言えることの大切さ

小塩　心を有限と捉えたとき、もう少し心の形や様子に関心が向いてくると思います。そのときに必要になるのが心の言語化でしょうか。自分の心の様子がどういった言葉で表されるのか。漠然としたものに言葉を当てはめていくことが必要になってくると思います。

言語化をすること＝セルフケアにつながるという仮説をもっています。何かわからないものに対してケアをするのは非常に難しい。何から手をつけていいかわからない状況では手がかりが必要ですね。いまの気持ちや心の状態の輪郭を言葉で作っていければ、対処の糸口が見えてくるはずです。特に子どもたちはまだ言葉の力が弱かったりするので、周りにいる大人が「それって、こういうことかな」と言葉を作る協力ができるといいと思います。

為末　言語化が上手な人を見て、手本にすることもできますよね。小説を読んで心がすっとする体験にはそういう側面もありそうな気がします。

小塩　当てはまりのいい言葉を見つけるということですね。読書であってもいいですし、言葉をたくさんもっている友達や指導者がいれば、同じ環境で時間を過ごすこと自体が効果的かもしれません。

現状のスポーツ界が自分の気持ちを言うことができる環境かなと考えると、なかなか難しいなと感じてしまいます。発言の自由があまりないような環境だと、発言しないことが普通になっていきます。発言しないと自分の考えが生まれにくくなる。自己がわからないという感覚に陥りやすくなってしまいますね。

為末　なんでもかんでも成果や効率を求めすぎる風潮があるような気はします。「その発言に何の意味があるのか」を追及される空気がある。

その発言によって何かに効果を与えたり、チームにいいことをしたりしなければならないというプレッシャーがある気がするのですが、自分の心の様子の言語化って、ほとんどの場合はただ言えること、それ自体が大事なはずです。

効率や効果に囚われない会話の方がよっぽど量が必要に感じています。本人が感じていることを表現すること自体が重要なんだと、ぜひ知ってほしいですね。

●話さず、聞いていればいい

為末　そもそも言語化は技術的に獲得可能だと思います。技能の言語化は重視されてきたので、豊かなんですよ。でも、心の描写の言語化はそんなに着目されてこなかったので、これから着目されるといいなと思っています。

小塩　日記をつける選手もいると聞きます。あまり整理しすぎると自由度がなくなるのですが、そういった記述から見えてくるものがあるのではないかと思っています。

為末　日記を書くと、競技それ自体の話とそれ以外の話に内容が分かれます。ハードルを跳ぶときにもう少し踏み切りの力をつけなければというような話と、グラウンドに行ったときになんとなく晴れない気持ちだったけれど、ウォーミングアップをしていたらやる気が出てきたというような話と、2種類あるような気がします。日記を書き続けることで、こういったネガティブな気持ちの場合、経験上、3日ぐらい競技から離れた方がいい気がする、という自己判断ができるようになりますよね。

小塩　コーチとシェアすることはありますか。

為末　そうするチームもありますね。チームメイトとシェアするのはいいなと思いますが、コーチが見ると思った時点で、コーチに見せようという言葉になってしまうと思います。

　陸上の代表などだと、コンディショニングを担当するトレーナーに話をすることが多いとよく聞きます。

小塩　聞いたことがあります。選考されるかどうかのタイミングで、選考から漏れそうな人ほど、身体のケアに来るという話ですね。

為末　本当はコーチがどっちもできたらいいんでしょうけど。特に子どもたちのスポーツの場合は監督さんや指導者が両方やらなければいけません。

小塩　少なくとも、誰しも波はあるということを共有できるといいですよね。

為末　基本的なことのようですが、子どもたちの様子をつぶさに観察するのは重要だと思います。自分が伝えた言葉に対して、どう反応しているか。例えば、何か強く言って、いい反応していることはほとんどありませんね。子どもたちの話を聞くことで子どもが変わることはたくさんありますが、指導者側から強く言って変わることはほとんどなさそうです。

　指導者の話す量と聞く量に、逆転が起きるのが非常に重要な気がします。8割ぐらいは聞いているだけの方がいいんじゃないかという感じがします。2割ぐらい言葉を投げかけて、最後、質問形式で子どもが聞きたいことがあれば考えを伝える、この程度で十分だと思います。これも技術ですね。

体育会の一番ネガティブなところは聞く文化がないことかもしれないですね。だから議論も生まれないし、フラットにもなりにくいし、みんなの意見は反映されないし、無力感を覚えやすいというか、自分の発言はチームに影響を与えないって思ってしまう。

●なぜ、言語化が必要なのか

為末　心の様子の言語化で気を付けたいのがモデル化です。例えば金メダルを取るために必要な身体条件と心の状態というモデルがあって、その心のモデルに自分をはめていくみたいな風潮がある気がします。

つまり、「どんなときもとにかく前向きなんだ」とか「目標を達成するまで諦めない」とか、あるメンタルモデルがあって、その心を自分にインストールする。これをインストールしちゃうと、引退した後に本当に大変なんですよ。それで苦労する選手をたくさん見てきました。

心の言語化は、インストールしていない自分の心を描写することにつながっています。

小塩　非常に重要なご指摘でした。よく言語化が大事とは言われますが、なぜ大事なのか。そこにはきちんと理由があるわけですよね。

為末さん自身は、そういった心のモデルに囚われた経験はありますか。

為末　私は書くことが好きなので、あまりそういったものに囚われずにきたタイプですね。自分のことを素直に白状できるようになってから、明らかに心の健康状態がよくなりました。

絶対に弱音を言っちゃいけないとなると、ものすごく追い込まれますよ。指導者も「強くなれ」といった言葉を言っていれば、いずれ心がその形になると思いすぎてる気もします。でも、そんなわけないですよね。人間の心をもう少し深く理解することが大事だと思います。

競技や技能については豊富な知識があるのに、心のことだけぽこっと抜けている指導者がいっぱいいると思います。筋肉のつけ方とか技術についてはとても詳しいのに、心のことには無頓着。でも、最後の大事なエンジンは心ですから。

おわりに

ここまでお付き合いいただき、ありがとうございました。普段は、堅い学術論文を書いているということもあり、表現が堅くなったり、説明が冗長で歯切れの悪い部分があったかもしれません。最後までお読みくださったことに深く感謝いたします。

この本で伝えたかったメッセージは、「メンタルヘルスを自分ごとに」です。

私は、かつては看護師・保健師として勤務をしていましたが、子どもや若者が健康で幸せで育つ社会づくりに貢献したいと考え、研究の道に進みました。また、学術と日常の橋渡しをしたいという思いから、メンタルヘルスリテラシー教育をテーマに教育学研究科に飛び込みました。それから12年。ちょうどパリ五輪が開催される２０２４年に、ようやく本書をまとめることができました。この本を通して、少しでも子どもにとっても、大人にとっても、メンタルヘルスが身近になったと感じてもらえたら望外の喜びです。

「メンタルヘルスを自分ごとに」にすることが私の使命です。しかし、多くの人や環境（学校やチーム、職場）にとって、メンタルヘルスの話題はまだまだ他人ごとになってはいないでしょうか。

自分や大切な人が不調や病を経験して初めてメンタルヘルスが自分ごとになる社会です。しかし、本当は「メンタルヘルスは自分には関係ない」と考えている人たちこそ、メンタルヘルスについて考え、環境づくりに積極的に取り組むことが重要です。

人々の行動を体系化して説明した行動変容理論に「トランスセオレティカルモデル（変化の段階モデル）」というものがあります。このモデルは、人が行動変容を遂げるプロセスを5つの段階に分けて説明するものです。前熟考期（変化を考えていない）、熟考期（変化を考え始めた）、準備期（変化を始めようとしている）、行動期（実際に変化をしようとしている）、維持期（変化を継続している）に分けられます。読者のみなさんはおそらく熟考期以降の段階の方が多いと思いますが、それだけでなく前熟考期にいる方たちにも届けたいと考えています。どうしたらこっちを向いてくれるんだろうかとずっと考えています。

このような問題意識は、みなさんの悩みと重なる部分が多くあるかもしれません。みなさんも、ご自身は課題意識をもちながら、周囲の人との考えの違いに悩み、どうやったらわかり合えるのだろうかと悩んでいるのではないでしょうか。

この段階の人々に適切な情報や啓発のアプローチはどのようなものか。これを明らかにすることが、私の何より大きな関心ごとです。この段階の方に関心をもっていただくことが課題解決の大きな一歩だからです。

この前熟考期の人たちにはどんな人がいるのか。研究や調査を進めていくなかで、実はこの段階にいる少なくない人が「強くなければばならない」状況にあり、自然にメンタルヘルスを他人ごとにしてしまっているのではないかと考えています。ちょっと心の様子を語るにも「恵まれているのに……」と思われてしまうのではないか、「もっと大変な状況で辛い人がいるんだ」と一人で解決しようと抱え込んでしまうなど、ギリギリまで頑張ることを自分で強いてしまっているのではないでしょうか。

益子さんとの対談のなかで、監督には弱音を吐ける相手がいないのではないかという話題も出ました。「メンタルヘルスには関心がなさそう」「根性論ばかりでわかり合えない」、そう感じる相手が実際にはどう感じ、何を考えているのか、まだまだ研究する余地が残されています。

少なくとも現段階において、健康だと今は自認しているが不調になりうる人たち、特に自分を強く保とうとする人たちの行動変容やそのための資源が不十分だと見ています。例えば、何らかの医学的診断がある人、不調を経験している人に対する支援やケア、利用できるサービスはある程度用意されています。ただ、現時点では不調がなかったり、元気に見える人に対するケアやこの人たちが孤立しないような、自分たちでケアできるような機会や資源が不足しているように思います。メンタルヘルスを自分ごととして考えられるきっかけは、自分や大切な人が不調を経験することでしか得られないのかもしれません。

これまで全国体育会系社会を作ってきたスポーツ界でのメンタルヘルスの取り組みは、この強くあるべきという認識が浸透している社会を変える好機だと考えています。スポーツ界から発信することで、閉ざされた体育会系社会が徐々に開かれ、相談しやすい社会、心の様子を表現できる社会につながるはずです。それを信じて仲間と共に取り組みをつづけていきます。

読者のみなさん、特に日々子どもに直接関わっていらっしゃるみなさんに感謝を伝えたいと思います。もしかしたら、この本の中で日ごろのご自身の振る舞いを振り返り、ハッとされた方もいるかもしれません。それも子どものことを真剣に考えているからこその振る舞いだと思います。私の息子は、この春から地域のバスケットボールクラブに加入しました。私も保護者として、この本に書いたような行動を常にできるかわかりませんが子どもの成長を支えたいと思っています。この本をきっかけに全国各地を行脚して、意見交換の機会をつくりたいと思っています。講演だけでなく、一緒に考えるようなワークショップで自由な意見交換もしたいです。もっといえば、バーベキューなどしながらの方が話しやすいような気もします。研究者としても、保護者としても、スポーツ愛好家としても、これからもみなさんと一緒に考えていきたいと思います。

本書を出版するまでに、たくさんの方にお力添えをいただきました。

まずは、編集担当の刑部さんです。最初に声をかけていただいたのは、メルボルン滞在中でした。ＳＮＳを通じてＤＭをいただいて驚きました。論文のような堅い表現を柔らかい表現に変えて、講演でお話しするように書いてみましょうという言葉が印象に残っています。そのほかにも、文章の書き方や本のつくり方、本を出版する意味などなど、たくさんのことを話し合い、ともに考えてきました。

本書の構成には村田亘さんにお力添えいただきました。また、素敵なイラストを描いてくださった小幡彩貴さん、デザインを担当してくださった國枝達也さん、ありがとうございました。

メルボルン大学の先生方や研究室の仲間は、私が日本で本を出版することになったと聞いて大変喜んでくださいました。貴重なアドバイスも数多くいただきました。また同時期にメルボルンに滞在していたメンバーともたびたび意見交換させていただきました。関西学院高等部の野球部顧問である泉川先生、増田繁人さん、谷口優さん、安原ファミリー、そして、メルボルン日本人学校の保護者のみなさん、先生方にも感謝の気持ちでいっぱいです。

私は、国立精神・神経医療研究センター（ＮＣＮＰ）に所属しています。メルボルン滞在中も、そして帰国後も、ＮＣＮＰでメンタルヘルス教育に関する研究と実践を続けられる環境を提供して頂いています。私のことを温かく受け入れていただき、心から感謝しています。

本書でも紹介したスポーツ界のメンタルヘルス研究は、日本ラグビーフットボール選手会、彼らに繋いでくださった霜村誠一さんのご協力なくしては実現できませんでした。ラグビー選手会は、いまや日本のスポーツ界でのメンタルヘルス教育と実践をリードする存在です。現在も共同研究を続けさせていただいており、選手のみなさん、事務局のみなさんに大変感謝しています。さらに知見を深め、展開のアイデアをくださるのは、選手会同士の横のつながりです。野球、サッカー、バスケットボール、テニスの各選手会のみなさんからも貴重なご意見をいただいています。

スポーツ界のみなさんとの素晴らしいプロジェクトにも携わらせていただき、ＪａｐａｎＰＤＰや１２５２プロジェクトのみなさまとアイデアを共有する機会に恵まれました。個人的なお付き合いの中で、本書の執筆についても、私のキャリアについても、田中ウルヴェ京さん、廣瀬俊朗さんからたくさんのご支援をいただきました。

よわいはつよいプロジェクトの賛同者のみなさま、特に益子直美さん、為末大さんには対談で助けていただきました。アスリートのみなさんからいただいたメッセージは私にとっても大きな励みとなっています。よわいはつよいプロジェクトを一緒に立ち上げた同志の川村慎さん、吉谷吾郎さん、これからも手を携えて活動していきましょう。私の人生に突然に現れてくれてありがとうございます。感謝したい方はほかにもたくさんいます。出会ってくださったみなさんです。こうして感謝を伝えられることに幸せを感じています。

家族の存在は私にとって何より大切なものです。まず岐阜の母と祖母です。自分の思いを表現すること、必要なときには助けを求めること、困ったときは人が助けてくれる優しい社会であることを体験を通して教えてくれました。保護者としての関わり方についても、ポジティブな経験があったからこそ、この本を書くことができたのだと思います。そして妻と息子、私にとって二人以上に大切な存在はありません。誰よりも長い時間一緒に過ごし、私のすべてを知り受け入れてくれています。そんな人が世界に一人でもいるだけで幸せですが、二人います。二人は、私の考え方や行動に最も大きな影響を与えてくれる存在です。素晴らしい家族に恵まれたことが、私の原動力です。周りの人々に支えられているおかげで、今の私があるのだと実感しています。

読者のみなさま、本当にありがとうございました。また出会えることを楽しみに、これからも研究と実践を重ねて参ります。なお、本書の内容の一部は、ＪＳＰＳ科研費２１ＫＫ０２２６、公益財団法人トヨタ財団 先端技術と共創する新たな人間社会 Ｄ19-ＳＴ-００１２およびイニシアティブプログラム Ｄ22-ＰＩ-０００２の助成を受けたものです。

２０２４年４月吉日　小塩靖崇

geography and time in bed in adolescents: a meta-analysis of data from 23 countries. Sleep Med Rev. 2010 Dec;14(6):371–8.

15. NHK放送文化研究所．国民生活時間調査．2020. https://www.nhk.or.jp/bunken/yoron-jikan/

16. Matricciani L, Blunden S, Rigney G, Williams MT, Olds TS. *Children's sleep needs: is there sufficient evidence to recommend optimal sleep for children?* Sleep. 2013 Apr 1;36(4):527–34.

17. Lemola S, Perkinson-Gloor N, Brand S, Dewald-Kaufmann JF, Grob A. *Adolescents' electronic media use at night, sleep disturbance, and depressive symptoms in the smartphone age.* J Youth Adolesc. 2015 Feb;44(2):405–18.

18. Ojio Y, Matsunaga A, Hatakeyama K, Kawamura S, Horiguchi M, Baron D, et al. *Developing a Japanese Version of the Baron Depression Screener for Athletes among Male Professional Rugby Players.* Int J Environ Res Public Health. 2020 Jul 31; 17(15).

19. Reardon CL, Hainline B, Aron CM, Baron D, Baum AL, Bindra A, et al. *Mental health in elite athletes: International Olympic Committee consensus statement* (2019). Br J Sports Med. 2019 Jun;53(11):667–99.

20. 橋口寛．クラウドソフトウエアを活用したアスリートたちの体調管理：最前線．体育の科学＝Journal of health, physical education and recreation. 2022;72(2):108–13.

終 章

1. Lavallee D. *Engagement in Sport Career Transition Planning Enhances Performance.* J Loss Trauma. 2019 Jan 2;24(1):1–8.

2. 山下慎一，川村慎，堀口雅則，小塩靖崇．アスリート支援におけるPDP（Player Development Program）の意義とPDM（Player Development Manager）の役割，および日本での導入可能性について．福岡大学法学論叢．2021; Available from: https://fukuoka-u.repo.nii.ac.jp/record/5302/files/J6601_0167.pdf

3. 川村慎，堀口雅則，小沼健太郎，山下慎一，小塩靖崇．日本ラグビーフットボール選手会によるPlayer Development Program の実践報告．スポーツ産業学研究．2022;32(4):4_481-4_491.

4. 伊藤華英．これからの人生と生理を考える．山川出版社; 2023.

5. 伊藤華英，山田快，舟橋弘晃，上林功，間野義之，広沢正孝．エリートスイマーのメンタルタフネス尺度開発．スポーツ産業学研究．2017;27(3):3_203-3_221.

6. 一般社団法人スポーツを止めるな．1252公認女子アスリートコンディショニングエキスパート検定テキストブック．東洋館出版社; 2024.

7. McGawley K, Sargent D, Noordhof D, Badenhorst CE, Julian R, Govus AD. *Improving menstrual health literacy in sport.* J Sci Med Sport. 2023 Jul;26(7):351–7.

8. 小塩靖崇．学校における保健教育とスティグマの改善，そこでの当事者の果たす役割について 日本社会精神医学会雑誌 29(2) 152-160, 2020.

9. Thornicroft G, Brohan E, Rose D, Sartorius N, Leese M, INDIGO Study Group. *Global pattern of experienced and anticipated discrimination against people with schizophrenia: a cross-sectional survey.* Lancet. 2009 Jan 31;373(9661):408–15.

10. Thornicroft G, Rose D, Kassam A, Sartorius N. *Stigma: ignorance, prejudice or discrimination?* Br J Psychiatry. 2007 Mar;190:192–3.

11. 川村慎，木村真光，小塩靖崇．アスリートと小学校図画工作科の教師が連携して小学5年生を対象に行ったメンタルヘルスイベントの紹介．日本社会精神医学会雑誌/174–177, 2023.

付記　欧文誌名は略記した。また、webサイトの最終閲覧はすべて2024年4月。

Labeling of mental disorders and stigma in young people. Soc Sci Med. 2011 Aug;73(4):498–506.

16. Olive L, Rice S, Butterworth M, Spillane M, Clements M, Purcell R. *Creating a national system to support mental health and enhance well-being across high performance sport.* 2021 Apr 8;68–79.

17. Rice S, Butterworth M, Clements M, Josifovski D, Arnold S, Schwab C, et al. *Development and Implementation of the National Mental Health Referral Network for Elite Athletes: A Case Study of the Australian Institute of Sport.* Case Studies in Sport and Exercise Psychology. 2020 Jan 1;4(S1):S1-27-S1-35.

第3章

1. Ojio Y, Kishi A, Sasaki T, Togo F. *Association of depressive symptoms with habitual sleep duration and sleep timing in junior high school students.* Chronobiol Int. 2020 Jun;37(6):877–86.

2. Ojio Y, Nishida A, Shimodera S, Togo F, Sasaki T. *Sleep Duration Associated with the Lowest Risk of Depression/Anxiety in Adolescents.* Sleep. 2016 Aug 1;39(8):1555–62.

3. Mah CD, Mah KE, Kezirian EJ, Dement WC. *The effects of sleep extension on the athletic performance of collegiate basketball players.* Sleep. 2011 Jul 1;34(7):943–50.

4. Souissi N, Sesboüé B, Gauthier A, Larue J, Davenne D. *Effects of one night's sleep deprivation on anaerobic performance the following day.* Eur J Appl Physiol. 2003 May;89(3–4):359–66.

5. Henderson SEM, Brady EM, Robertson N. *Associations between social jetlag and mental health in young people: A systematic review.* Chronobiol Int. 2019 Oct;36(10):1316–33.

6. Walsh NP, Halson SL, Sargent C, Roach GD, Nédélec M, Gupta L, et al. *Sleep and the athlete: narrative review and 2021 expert consensus recommendations. Br J Sports Med* [Internet]. 2020 Nov 3; Available from: http://dx.doi.org/10.1136/bjsports-2020-102025

7. Roenneberg T, Kuehnle T, Juda M, Kantermann T, Allebrandt K, Gordijn M, et al. *Epidemiology of the human circadian clock.* Sleep Med Rev. 2007 Dec;11(6):429–38.

8. 石原金由, 宮下彰夫, 犬上牧, 福田一彦, 山崎勝男, 宮田洋. 日本語版朝型 - 夜型(Morningness-Eveningness) 質問紙による調査結果. 心理学研究. 1986;57(2):87–91.

9. Bowers JM, Moyer A. *Effects of school start time on students' sleep duration, daytime sleepiness, and attendance: a meta-analysis.* Sleep Health. 2017 Dec;3(6):423–31.

10. Alfonsi V, Palmizio R, Rubino A, Scarpelli S, Gorgoni M, D'Atri A, et al. *The Association Between School Start Time and Sleep Duration, Sustained Attention, and Academic Performance.* Nat Sci Sleep. 2020 Dec 10;12:1161–72.

11. Goldin AP, Sigman M, Braier G, Golombek DA, Leone MJ. *Interplay of chronotype and school timing predicts school performance.* Nat Hum Behav. 2020 Apr;4(4):387–96.

12. Druiven SJM, Riese H, Kamphuis J, Haarman BCM, Antypa N, Penninx BWJH, et al. *Chronotype changes with age; seven-year follow-up from the Netherlands study of depression and anxiety cohort.* J Affect Disord. 2021 Dec 1;295:1118–21.

13. Tamura N, Komada Y, Inoue Y, Tanaka H. *Social jetlag among Japanese adolescents: Association with irritable mood, daytime sleepiness, fatigue, and poor academic performance.* Chronobiol Int. 2022 Mar;39(3):311–22.

14. Olds T, Blunden S, Petkov J, Forchino F. *The relationships between sex, age,*

Physical Abuse." 2021, British Journal of Sports Medicine 55 (4): 198–205.

40. Aiba M, Matsui Y, Kikkawa T, Matsumoto T, Tachimori H. "*Factors Influencing Suicidal Ideation among Japanese Adults: From the National Survey by the Cabinet Office.*" 2011, Psychiatry and Clinical Neurosciences 65 (5): 468–75.

41. Ojio Y, Matsunaga A, Hatakeyama K, Kawamura S, Horiguchi M, Yoshitani G, et al. *Anxiety and Depression Symptoms and Suicidal Ideation in Japan Rugby Top League Players.* Int J Environ Res Public Health. 2021 Jan 29;18(3).

42. よわいはつよいプロジェクト, 堀江翔太「リーダー、つよさゆえに。」: https://yowatsuyo.com/contents/talk-horie-kawamura/

43. Ojio Y, Matsunaga A, Kawamura S, Horiguchi M, Yoshitani G, Hatakeyama K, et al. *Anxiety and Depressive Symptoms in the New Life With COVID-19: A Comparative Cross-Sectional Study in Japan Rugby Top League Players.* Int J Public Health. 2021;66:1604380.

第２章

1. Kessler RC, Berglund P, Demler O, Jin R, Merikangas KR, Walters EE. *Lifetime prevalence and age-of-onset distributions of DSM-IV disorders in the National Comorbidity Survey Replication.* Arch Gen Psychiatry. 2005 Jun;62(6):593–602.

2. 川上憲人. 精神疾患の有病率等に関する大規模疫学調査研究: 世界精神保健日本調査セカンド. 総合研究報告書 http://wmhj2 jp/WMHJ2-2016R pdf [Internet]. 2016; Available from: https://mhlw-grants.niph.go.jp/system/files/download_pdf/2013/201317070A.pdf

3. 水野雅文. 心の病気にかかる子どもたち: 精神疾患の予防と回復. 朝日新聞出版; 2022.

4. Solmi M, Radua J, Olivola M, Croce E, Soardo L, Salazar de Pablo G, et al. *Age at onset of mental disorders worldwide: large-scale meta-analysis of 192 epidemiological studies.* Mol Psychiatry. 2022 Jan;27(1):281–95.

5. Kessler RC, Angermeyer M, Anthony JC, DE Graaf R, Demyttenaere K, Gasquet I, et al. *Lifetime prevalence and age-of-onset distributions of mental disorders in the World Health Organization's World Mental Health Survey Initiative.* World Psychiatry. 2007 Oct;6(3):168–76.

6. Blakemore S-J, Mills KL. *Is adolescence a sensitive period for sociocultural processing?* Annu Rev Psychol. 2014;65:187–207.

7. 森﨑和幸, 森﨑浩司. うつ白: そんな自分も好きになる. TAC出版; 2019.

8. 松本俊彦. 自傷・自殺する子どもたち. 合同出版; 2014.

9. Ojio Y, Matsunaga A, Yamaguchi S, Hatakeyama K, Kawamura S, Yoshitani G, et al. *Association of mental health help-seeking with mental health-related knowledge and stigma in Japan Rugby Top League players.* PLoS One. 2021 Aug 25;16(8):e0256125.

10. Oguro S, Ojio Y, Matsunaga A, Shiozawa T, Kawamura S, Yoshitani G, et al. *Mental health help-seeking preferences and behaviour in elite male rugby players.* BMJ Open Sport Exerc Med. 2023 May 26;9(2):e001586.

11. Soheilian SS, Inman AG. *Middle Eastern Americans: The effects of stigma on attitudes toward counseling.* J Muslim Ment Health. 2009 Sep;4(2):139–58.

12. Robichaud M, Dugas MJ. *Negative problem orientation (Part II): construct validity and specificity to worry.* Behav Res Ther. 2005 Mar;43(3):403–12.

13. Vogel DL, Wade NG, Hackler AH. *Perceived public stigma and the willingness to seek counseling: The mediating roles of self-stigma and attitudes toward counseling.* J Couns Psychol. 2007 Jan;54(1):40–50.

14. Moses T. *Self-labeling and its effects among adolescents diagnosed with mental disorders.* Soc Sci Med. 2009 Feb;68(3):570–8.

15. Wright A, Jorm AF, Mackinnon AJ.

and-well-being

23. Purcell R, Pilkington V, Carberry S, Reid D, Gwyther K, Hall K, et al. *An Evidence-Informed Framework to Promote Mental Wellbeing in Elite Sport.* Front Psychol. 2022 Feb 16;13:780359.

24. 日本スポーツ心理学会資格認定委員会, 日本スポーツメンタルトレーニング指導士会. スポーツメンタルトレーニング指導士活用ガイドブック. ベースボール・マガジン社; 2010.

25. 小塩真司, 平野真理, 上野雄己. レジリエンスの心理学: 社会をよりよく生きるために. 金子書房; 2021.

26. Kutcher S, Wei Y, Coniglio C. *Mental Health Literacy: Past, Present, and Future.* Can J Psychiatry. 2016 Mar;61(3):154–8.

27. Jorm AF, Korten AE, Jacomb PA, Christensen H, Rodgers B, Pollitt P. "*Mental health literacy*"*: a survey of the public's ability to recognise mental disorders and their beliefs about the effectiveness of treatment.* Med J Aust. 1997 Feb;166(4):182–6.

28. Wei Y, Hayden JA, Kutcher S, Zygmunt A, McGrath P. *The effectiveness of school mental health literacy programs to address knowledge, attitudes and help seeking among youth.* Early Interv Psychiatry. 2013 May;7(2):109–21.

29. Ojio Y, Mori R, Matsumoto K, Nemoto T, Sumiyoshi T, Fujita H, et al. *Innovative approach to adolescent mental health in Japan: School-based education about mental health literacy.* Early Interv Psychiatry. 2021 Feb;15(1):174–82.

30. Ojio Y, Foo JC, Usami S, Fuyama T, Ashikawa M, Ohnuma K, et al. *Effects of a school teacher-led 45-minute educational program for mental health literacy in pre-teens.* Early Interv Psychiatry. 2019 Aug;13(4):984–8.

31. Ojio Y, Yonehara H, Taneichi S, Yamasaki S, Ando S, Togo F, et al. *Effects of school-based mental health literacy education for secondary school students to be delivered by school teachers: A preliminary study.* Psychiatry Clin Neurosci. 2015 Sep;69(9):572–9.

32. Kutcher S, Wei Y. *School mental health: a necessary component of youth mental health policy and plans.* World Psychiatry. 2020 Jun;19(2):174–5.

33. 新学習指導要領に対応した精神保健教育資材の開発. 精神科臨床 legato/「精神科臨床 legato」編集委員会 編 2021; Available from: https://cir.nii.ac.jp/crid/1520573331265631872

34. International Olympic Committee. *IOC Mental Health in Elite Athletes Toolkit.* 2021. 日本語版：IOC Mental Health in Elite Athletes Toolkit(日本語翻訳版) https://www.ncnp.go.jp/mental-health/ioc_toolkit.html

35. International Olympic Committee. *IOC Mental Health Action Plan.* 日本語版：IOCメンタルヘルス行動計画https://olympics.com/athlete365/mentally-fit/mentallyfit-toolkit-resources/

36. https://olympics.com/athlete365/mentally-fit/mentallyfit-toolkit-resources/

37. Gouttebarge V, J M Castaldelli-Maia, P Gorczynski, B Hainline, M E Hitchcock, G M Kerkhoffs, S M Rice, C L Reardon. "*Occurrence of Mental Health Symptoms and Disorders in Current and Former Elite Athletes: A Systematic Review and Meta-Analysis.*" British Journal of Sports Medicine 2019, 53 (11): 700–706.

38. Sakurai K, Nishi A, Kondo K, Yanagida K, Kawakami N. "*Screening Performance of K6/K10 and Other Screening Instruments for Mood and Anxiety Disorders in Japan.*" Psychiatry and Clinical Neurosciences 2011, 65 (5): 434–41.

39. Timpka T, Spreco A, Dahlstrom O, Jacobsson J, Kowalski J, Bargoria V, Mountjoy M, Svedin CG. "*Suicidal Thoughts (Ideation) among Elite Athletics (Track and Field) Athletes: Associations with Sports Participation, Psychological Resourcefulness and Having Been a Victim of Sexual and/or*

Papathomas A, Harwood C, Kinnafick F. *The BASES Expert Statement on Mental Health Literacy in Elite Sport.* The Sport and Exercise Scientist. 2019 Jan 10;59:6–7.

7. Henriksen K, Schinke R, Moesch K, McCann S, Parham WD, Larsen CH, et al. *Consensus statement on improving the mental health of high performance athletes.* Int J Sport Exercise Psychol. 2020 Sep 2;18(5):553–60.

8. Van Slingerland KJ, Durand-Bush N, Bradley L, Goldfield G, Archambault R, Smith D, et al. *Canadian Centre for Mental Health and Sport (CCMHS) Position Statement: Principles of Mental Health in Competitive and High-Performance Sport.* Clin J Sport Med. 2019 May;29(3):173–80.

9. Vella SA, Schweickle MJ, Sutcliffe JT, Swann C. *A systematic review and meta-synthesis of mental health position statements in sport: Scope, quality and future directions.* Psychol Sport Exerc. 2021 Jul 1;55:101946.

10. Gouttebarge V, Castaldelli-Maia JM, Gorczynski P, Hainline B, Hitchcock ME, Kerkhoffs GM, et al. *Occurrence of mental health symptoms and disorders in current and former elite athletes: a systematic review and meta-analysis.* Br J Sports Med. 2019 Jun;53(11):700–6.

11. Gouttebarge V, Hopley P, Kerkhoffs G, Verhagen E, Viljoen W, Wylleman P, et al. *A 12-month prospective cohort study of symptoms of common mental disorders among professional rugby players.* EJSS . 2018 Aug;18(7):1004–12.

12. Gouttebarge V, Kerkhoffs GMMJ. *A prospective cohort study on symptoms of common mental disorders among current and retired professional ice hockey players.* Phys Sportsmed. 2017 Sep;45(3):252–8.

13. Gouttebarge V, Aoki H, Verhagen EALM, Kerkhoffs GMMJ. *A 12-Month Prospective Cohort Study of Symptoms of Common Mental Disorders Among European Professional Footballers.* Clin J Sport Med. 2017 Sep;27(5):487–92.

14. Gouttebarge V, Jonkers R, Moen M, Verhagen E, Wylleman P, Kerkhoffs G. *A prospective cohort study on symptoms of common mental disorders among Dutch elite athletes.* Phys Sportsmed. 2017 Nov;45(4):426–32.

15. Schuring N, Kerkhoffs G, Gray J, Gouttebarge V. *The mental wellbeing of current and retired professional cricketers: an observational prospective cohort study.* Phys Sportsmed. 2017 Nov;45(4):463–9.

16. Foskett RL, Longstaff F. *The mental health of elite athletes in the United Kingdom.* J Sci Med Sport. 2018 Aug; 21(8):765–70.

17. Du Preez EJ, Graham KS, Gan TY, Moses B, Ball C, Kuah DE. *Depression, Anxiety, and Alcohol Use in Elite Rugby League Players Over a Competitive Season.* Clin J Sport Med. 2017 Nov;27(6):530–5.

18. Sarkar M, Fletcher D. *Psychological resilience in sport performers: a review of stressors and protective factors.* J Sports Sci. 2014 Apr 9;32(15):1419–34.

19. Rice SM, Gwyther K, Santesteban-Echarri O, Baron D, Gorczynski P, Gouttebarge V, et al. *Determinants of anxiety in elite athletes: a systematic review and meta-analysis.* Br J Sports Med. 2019 Jun;53(11):722–30.

20. Rice SM, Purcell R, De Silva S, Mawren D, McGorry PD, Parker AG. *The Mental Health of Elite Athletes: A Narrative Systematic Review.* Sports Med. 2016 Sep;46(9):1333–53.

21. Pilkington V, Rice S, Olive L, Walton C, Purcell R. *Athlete Mental Health and Wellbeing During the Transition into Elite Sport: Strategies to Prepare the System.* Sports Med Open. 2024 Mar 9;10(1):24.

22. World Health Organization. *Health and well-being. Available from:* https://www.who.int/data/gho/data/major-themes/health-

注釈一覧

はじめに

1. Ojio Y, Matsunaga A, Hatakeyama K, Kawamura S, Horiguchi M, Yoshitani G, et al. *Anxiety and Depression Symptoms and Suicidal Ideation in Japan Rugby Top League Players.* Int J Environ Res Public Health. 2021 Jan 29;18(3).

序章

1. Reardon CL, Hainline B, Aron CM, Baron D, Baum AL, Bindra A, et al. *Mental health in elite athletes: International Olympic Committee consensus statement* (2019). Br J Sports Med. 2019 Jun;53(11):667–99.

2. Purcell R, Pilkington V, Carberry S, Reid D, Gwyther K, Hall K, et al. *An Evidence-Informed Framework to Promote Mental Wellbeing in Elite Sport.* Front Psychol. 2022 Feb 16;13:780359.

3. Rice S, Walton CC, Pilkington V, Gwyther K, Olive LS, Lloyd M, et al. *Psychological safety in elite sport settings: a psychometric study of the Sport Psychological Safety Inventory.* BMJ Open Sport Exerc Med. 2022 May 11;8(2):e001251.

4. Walton CC, Purcell R, Pilkington V, Hall K, Kenttä G, Vella S, et al. *Psychological Safety for Mental Health in Elite Sport: A Theoretically Informed Model.* Sports Med 2024 Mar;54(3):557–564

5. Ojio Y, Matsunaga A, Yamaguchi S, Hatakeyama K, Kawamura S, Yoshitani G, et al. *Association of mental health help-seeking with mental health-related knowledge and stigma in Japan Rugby Top League players.* PLoS One. 2021 Aug 25;16(8):e0256125.

6. 山岸俊男. 安心社会から信頼社会へ: 日本型システムの行方. 中央公論新社; 1999.

7. Bronfenbrenner U. *Ecological models of human development.* International encyclopedia of education. 1994;3(2):37–43.

8. Purcell R, Gwyther K, Rice SM. *Mental Health In Elite Athletes: Increased Awareness Requires An Early Intervention Framework to Respond to Athlete Needs.* Sports Med Open. 2019 Nov 28;5(1):46.

9. Oliver M, Sapey B, Thomas P. *Social Work with Disabled People.* Bloomsbury Publishing; 2012.

第 1 章

1. Reardon CL, Hainline B, Aron CM, Baron D, Baum AL, Bindra A, et al. *Mental health in elite athletes: International Olympic Committee consensus statement (2019).* Br J Sports Med. 2019 Jun;53(11):667–99.

2. Chang C, Putukian M, Aerni G, Diamond A, Hong G, Ingram Y, et al. *Mental health issues and psychological factors in athletes: detection, management, effect on performance and prevention: American Medical Society for Sports Medicine Position Statement-Executive Summary.* Br J Sports Med. 2020 Feb;54(4):216–20.

3. Moesch K, Kenttä G, Kleinert J, Quignon-Fleuret C, Cecil S, Bertollo M. *FEPSAC position statement: Mental health disorders in elite athletes and models of service provision.* Psychol Sport Exerc. 2018 Sep 1;38:61–71.

4. Schinke RJ, Stambulova NB, Si G, Moore Z. *International society of sport psychology position stand: Athletes' mental health, performance, and development.* Int J Sport Exercise Psychol. 2018 Nov 2;16(6):622–39.

5. Breslin G, Smith A, Donohue B, Donnelly P, Shannon S, Haughey TJ, et al. *Inter national consensus statement on the psychosocial and policy-related approaches to mental health awareness programmes in sport.* BMJ Open Sport Exerc Med. 2019 Sep 18;5(1):e000585.

6. Gorczynski P, Gibson K, Thelwell R,

小塩靖崇（おじお・やすたか）

国立精神・神経医療研究センター精神保健研究所 常勤研究員

1987年、岐阜県生まれ。三重大学医学部看護学科を卒業。病院での臨床を経た後、東京大学大学院教育学研究科にて博士号（教育学）を取得。健康教育学が専門。2017年から国立精神・神経医療研究センターにて、若者のメンタルヘルス教育と研究に従事。学校やスポーツでのメンタルヘルス教育プログラムの開発や学校教員向けの教科書執筆に携わっている。アスリートとの協働で進めるメンタルヘルス啓発プロジェクト（よわいはつよいプロジェクト）について研究の観点から関わっている。若年層が健康かつ幸せに育つ社会を目指して、研究と実践の橋渡しに取り組んでいる。

10代《だい》を支《ささ》える
スポーツメンタルケアのはじめ方《かた》

2024年6月25日　第一刷発行

著　者　小《お》塩《じお》靖《やす》崇《たか》

発行者　佐藤 靖

発行所　大《だい》和《わ》書房

東京都文京区関口1-33-4

電話 03-3203-4511

構成　村田 亘

校正　東京出版サービスセンター

組版　マーリンクレイン

装画　小幡彩貴

装丁　國枝達也

編集　刑部愛香（大和書房）

本文印刷　厚徳社

カバー印刷　歩プロセス

製本　小泉製本

　ISBN978-4-479-78609-2

　https://www.daiwashobo.co.jp